Impressum
Verlag: BABADADA GmbH, Nedderfeld 112 , 22529 Hamburg
Geschäftsführer / Verlagsleitung: Harald Hof
Druck: Books on Demand GmbH, In de Tarpen 42, 22848 Norderstedt

Imprint
Publisher: BABADADA GmbH, Nedderfeld 112 , 22529 Hamburg, Germany
Managing Director / Publishing direction: Harald Hof
Print: Books on Demand GmbH, In de Tarpen 42, 22848 Norderstedt

school
សាលារៀន

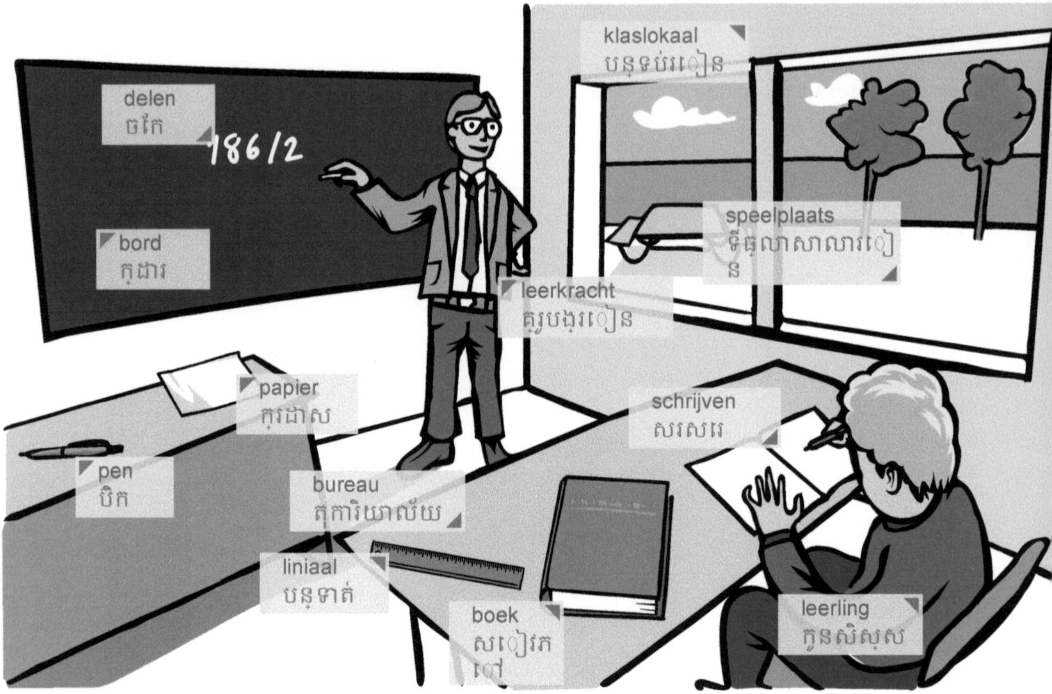

klaslokaal
បន្ទប់រៀន
delen
ចែក
186/2
bord
ក្ដារ
speelplaats
ទីធ្លាសាលារៀន
leerkracht
គ្រូបង្រៀន
papier
ក្រដាស
schrijven
សរសេរ
pen
ប៊ិក
bureau
តុការិយាល័យ
liniaal
បន្ទាត់
boek
សៀវភៅ
leerling
កូនសិស្ស

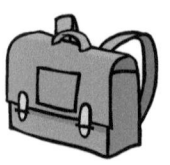

schooltas
សម្ពៀតស្បែក

pennenzak
ប្រអប់ដាក់ខ្មៅដៃ

potlood
ខ្មៅដៃ

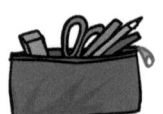

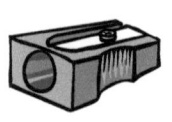

puntenslijper
ប្រដាប់ខួងខ្មៅដៃ

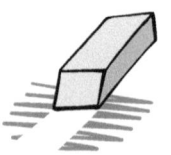

gom
ជ័រលុប

tekenblok
ផ្ទាំងគំនូរ

tekening

គំនូរ

verfborstel

ជក់គូរ

verfdoos

ប្រអប់ថ្នាំលាប

schaar

កន្ត្រៃ

lijm

ការបិទ

werkboek

សៀវភៅលំហាត់

huiswerk

កិច្ចការផ្ទះ

12

nummer

លខ

2+2

optellen

បូក

5-2

aftrekken

ដក

2×2

vermenigvuldigen

គុណ

rekenen

គណនា

A

letter

លិខិត

ABCDEFG
HIJKLMN
OPQRSTU
VWXYZ

alfabet

អក្ខរក្រម

woord

ពាក្យ

tekst

អត្ថបទ

Lezen

អាន

krijt

ដីស

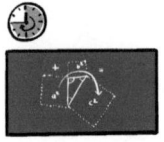

les

មេរៀន

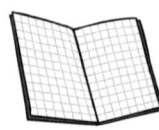

klassenboek

ចុះឈ្មោះ

examen

ការប្រឡង

certificaat

វិញ្ញាបនបត្រ

schooluniform

ឯកសណ្ឋានសាលា

onderwijs

ការអប់រំ

encyclopedie

សព្វវចនាធិប្បាយ

universiteit

សាកលវិទ្យាល័យ

microscoop

មីក្រូទស្សន៍

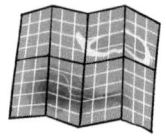

kaart

ផែនទី

papiermand

កន្ត្រករដាក់សំរាមក្រដាស

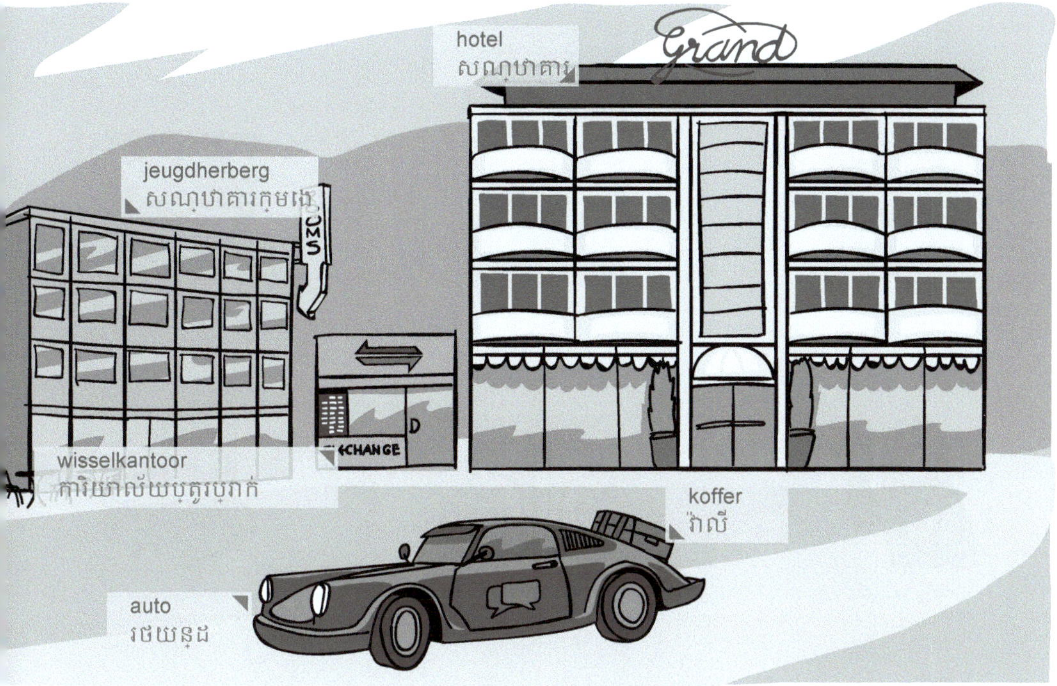
Grand
hotel
សណ្ឋាគារ
jeugdherberg
សណ្ឋាគារក្មេង
OMS
wisselkantoor
ការិយាល័យប្តូរប្រាក់
CHANGE
koffer
វ៉ាលី
auto
រថយន្ត

Taal

ភាសា

ja / nee

បាទ / ទេ

oké

យល់ព្រម

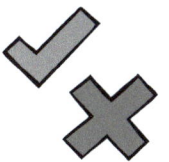

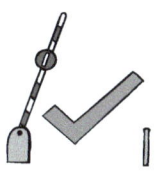

hallo

សាយ័ន្តសួស្តី!

vertaler

អ្នកបកប្រែ

bedankt

សូមអរគុណ

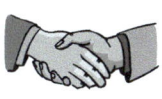

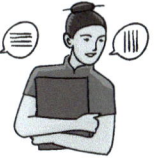

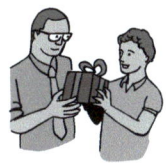

Hoeveel kost …?

ថ្លៃប៉ុន្មាន... ?

Ik begrijp het niet

ខ្ញុំមិនយល់

probleem

បញ្ហា

Goedenavond!

ទិវាសួស្តី!

Goedemorgen!

អរុណសួស្តី

Goedenavond!

រាត្រីសួស្ដី!

Tot ziens

លាហើយ

richting

ទិសដៅ

bagage

អីវ៉ាន់

zak

កាបូប

rugzak

កាបូបស្ពាយកូររោយ

gast

ភ្ញៀវ

kamer

បន្ទប់

slaapzak

ថង់ដេក

tent

តង់

toeristeninformatie
ព័ត៌មានទេសចរណ៍

strand
ឆ្នេរ

kredietkaart
កាតឥណទាន

ontbijt
អាហារពេលព្រឹក

lunch
អាហារថ្ងៃត្រង់

avondeten
អាហារពេលល្ងាច

ticket
សំបុត្រ

lift
ជណ្ដើរយន្ត

postzegel
តែម

grens
ព្រំដែន

douane
គយ

ambassade
ស្ថានទូត

visum
ទិដ្ឋាការ

paspoort
លិខិតឆ្លងដែន

transport
ការដឹកជញ្ជូន

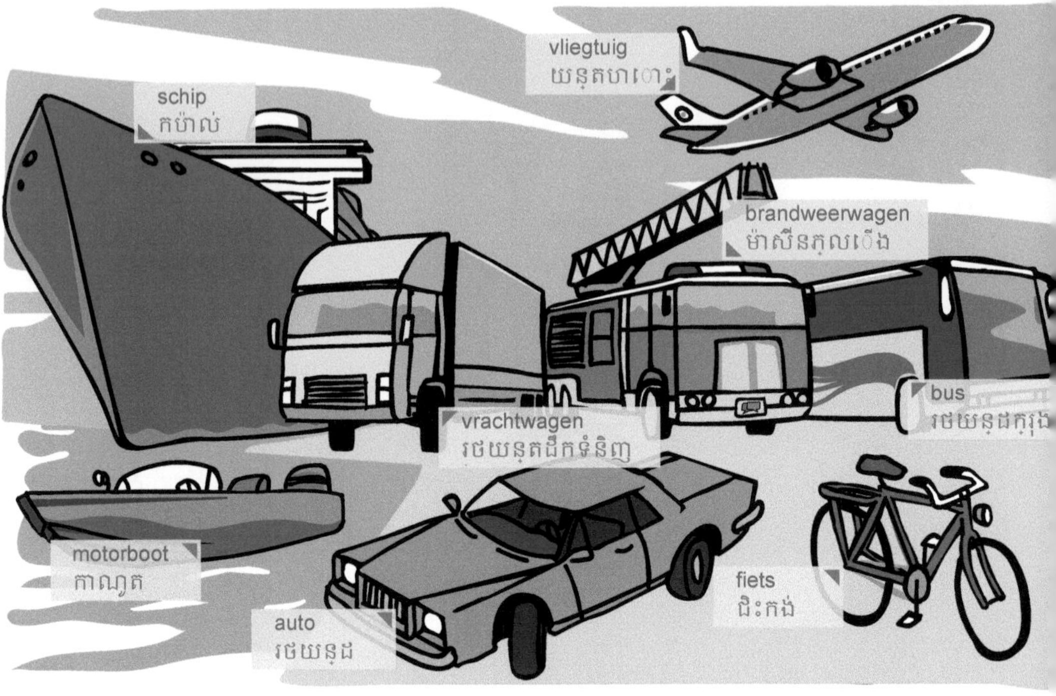
vliegtuig
យន្តហោះ
schip
កប៉ាល់
brandweerwagen
ម៉ាសីនភ្លើង
bus
រថយន្តក្រុង
vrachtwagen
រថយន្តដឹកទំនិញ
motorboot
កាណូត
auto
រថយន្ដ
fiets
ជិះកង់

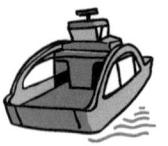

veerboot

សាឡាង

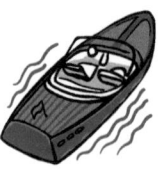

boot

ទូក

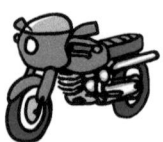

motor

ម៉ូតូ

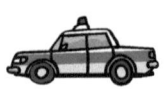

politiewagen

រថយន្តប៉ូលិស

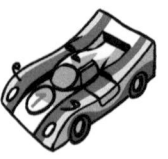

racewagen

រថយន្តប្រណាំង

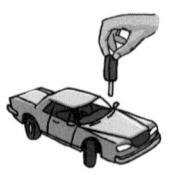

huurauto

រថយន្តជួល

carpoolen
ការចែករំលែករថយន្ត

sleepwagen
ឡានសុទ្ធ

vuilniswagen
ឡានបុម្រេលសំរាម

motor
ម៉ូតូ

benzine
បុរេងឥន្ធន:

benzinestation
ស្ថានីយបុរេង

verkeersbord
ុលាកសញ្ញាចរាចរណ៍

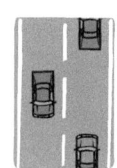

verkeer
ការធ្វេីចរាចរណ៍

file
កកស្ទះចរាចរណ៍

parkeerplaats
ចំណត

station
ស្ថានីយរថភ្លេីង

sporen
ផ្លូវដេកែ

trein
រថភ្លេីង

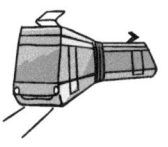

tram
រថអគ្គីសនី

wagon
ទូរថភ្លេីង

transport - ការដឹកជញ្ជូន

9

helikopter

ឧទុធមភាគចក្រ

luchthaven

ពុរលានយន្តហោះ

toren

ប៉ម

passagier

អ្នកដំណើរ

container

កុងតឺន័រ

karton

ករដាសកាតុង

kar

រទេះ

mand

កញ្ចប់

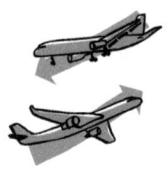

opstijgen / landen

ហោះឡឡើង / ចុះ

dorp

ភូមិ

stadscentrum

កណ្ដាលទីក្រុង

huis

ផ្ទះ

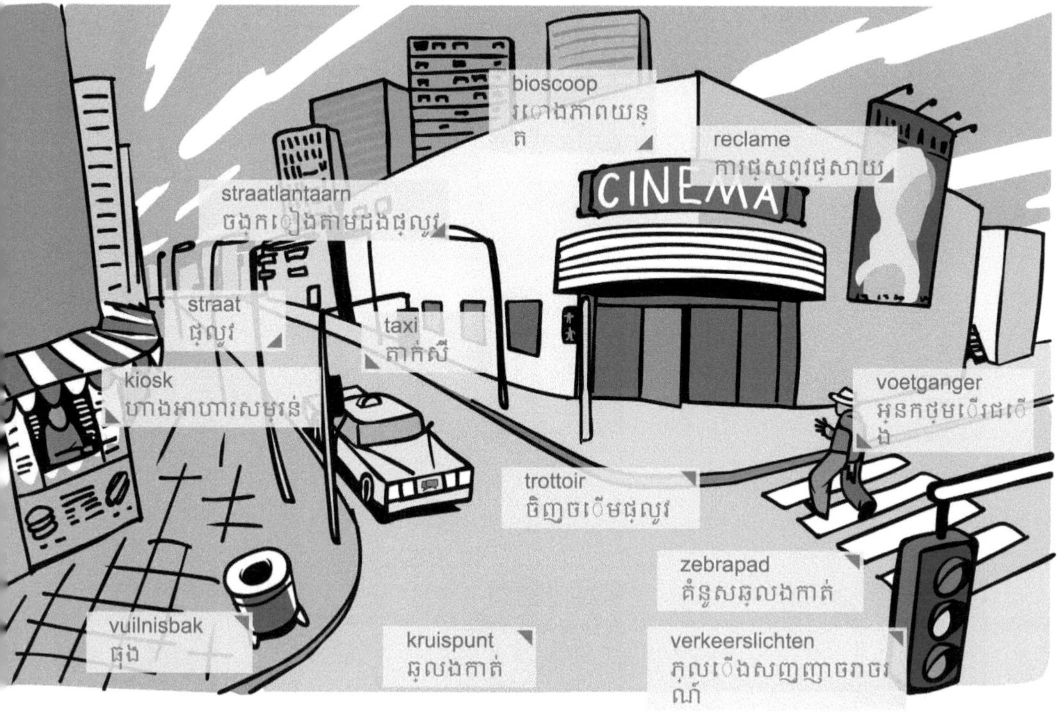

bioscoop
រោងភាពយន្ត

reclame
ការផ្សព្វផ្សាយ

straatlantaarn
ចង្កេ្រៀងតាមដងផ្លូវ

CINEMA

straat
ផ្លូវ

taxi
តាក់ស៊ី

kiosk
ហាងអាហារសមរន័

voetganger
អ្នកដ្បើរជើង

trottoir
ចិញ្ចើមផ្លូវ

zebrapad
គំនូសឆ្លងកាត់

vuilnisbak
ធុង

kruispunt
ផ្លូងកាត់

verkeerslichten
គុលេ៍ងសញ្ញាចរាចរណ៍

hut
ខ្ទម

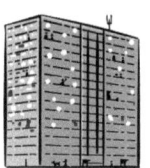

woning
ផ្ទះលុវែង

station
សុថានីយរថភ្លុងេ៍ង

stadshuis
សាលាកុ្រង

museum
សារមន្ទីរ

school
សាលារេៀន

universiteit

សាកលវិទ្យាល័យ

bank

ធនាគារ

ziekenhuis

មន្ទីរពេទ្យ

hotel

សណ្ឋាគារ

apotheek

ឱសថស្ថាន

kantoor

ការិយាល័យ

boekwinkel

ហាងលក់សៀវភៅ

winkel

ហាង

bloemenwinkel

ហាងផ្កា

supermarkt

ផ្សារទំនើប

markt

ទីផ្សារ

warenhuis

ហាងទំនិញ

vishandelaar

ហាងលក់ត្រី

winkelcentrum

មជ្ឈមណ្ឌលផ្សារទំនើប

haven

កំពង់ផែ

park

ឧទ្យាន

bank

បង្គាំ

brug

ស្ពាន

trap

ជណ្តើរទើរ

metro

ផ្លូវរក្សរោមដី

tunnel

ផ្លូវរូងក្រោមដី

bushalte

ចំណតរថយន្តក្រុង

bar

បារ

restaurant

ភោជនីយដ្ឋាន

brievenbus

ប្រអប់សំបុត្រ

straatnaambord

សញ្ញាតាមដងផ្លូវ

parkeermeter

ឧបករណ៍បូរមួលចូលថៃណត

zoo

សួនសត្វ

zwembad

អាងហាលែទឹក

moskee

វិហារអ៊ីស្លាម

boerderij

កសិដ្ឋាន

milieuverontreiniging

ការបំពុល

kerkhof

វាលកប់ខ្មោច

kerk

ពុរវិហារ

speelplaats

គូរលេៀងវិអិលកុមេងលេង

tempel

 បុរសាទ

landschap

ទេសភាព

blad
សុលេ៉ក

wegwijzer
សញ្ញាមួយបំទិសដេៅ

weg
ផ្លូវ

weide
វាលសុម
េៅ

steen
ដុំថ្ម

boom
ដេៀមឈ
េ៉

wandelaar
អ្នកឡ្យេៀឝភ្នំ

rivier
ទន្លេ

boom
ដេៀមឈ
េ៉

gras
សុមេៅ

bloem
ផ្កា

vallei

ជ្រលងភ្នំ

heuvel

កូនភ្នំ

meer

បឹង

bos

ព្រៃឈើ

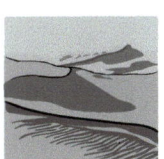

woestijn

វាលខ្សាច់

vulkaan

ភ្នំភ្លើង

kasteel

គរោកុប៊ី

regenboog

ឥន្ធនូ

paddenstoel

ផ្សិត

palmboom

ដើមត្នោត

mug

មូស

vlieg

រុយ

mier

ស្រមោច

bijl

សត្វឃ្មុំ

spin

ពីងពាង

kever

សត្វកេញ្ជចៃ

kikker

កង្កែបបៃ

eekhoorn

កំប្រុក

egel

សត្វកាំបុរមា

haas

ទន្សាយសុលឹក

uil

សត្វទីទុយ

vogel

បក្សី

zwaan

ហាង្ស

wild zwijn

ជ្រូក

hert

សត្វក្តាន់

eland

សត្វក្តដាន់

dam

ទំនប់

windturbine

កង្ហារខ្យល់

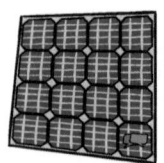

zonnepaneel

បន្ទះសូឡា

klimaat

អាកាសធាតុ

ober
អ្នករត់តុ

menu
ម៉ឺនុយ

stoel
កៅអី

soep
ស៊ុប

pizza
ភីហ្សា

bestek
កាំបិត

tafelkleed
កម្រាលតុ

voorgerecht
អាហារសមុរន់

hoofdgerecht
អាហារសំខាន់

nagerecht
បង្អែម

drankjes
ភេសជ្ជៈ

eten
អាហារ

fles
ដប

fastfood

អាហារហ័ស

street food

អាហារតាមផ្លូវ

theepot

ប៉ាន់តែ

suikerpot

បុរអប់ស្ករ

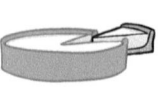

portie

ចំណែក

espressomachine

ម៉ាស៊ីនតុងកាហ្វេអ៊ិចស្ព្រេសសូ

kinderstoel

កៅអីខ្ពស់

rekening

វិក្កយបត្រ

dienblad

ថាស

mes

កាំបិត

vork

សម

lepel

ស្លាបព្រា

theelepel

ស្លាបព្រាកាហ្វេ

serviette

កន្សែងជូតខ្លួន

glas

កែវ

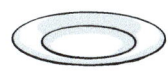

bord

ចានទាប

soepbord

ចានស៊ុប

schoteltje

ចានទួរនាប់

saus

ទឹកជ្រលក់

zoutvatje

ដបអំបិល

pepermolen

បុរដាប់កិនម្រេច

azijn

ទឹកខ្មេះ

olie

បុរេង

kruiden

គ្រឿងទេស

ketchup

ទឹកប៉េងប៉ោះ

mosterd

ម៉ូតាក

mayonaise

ទឹកមយ៉ូណា

supermarkt
ផ្សារទំនើប

aanbieding
ការផ្តល់ជូនពិសេស
FOR
klant
អតិថិជន
zuivelproducten
ទឹកដោះគោ
fruit
ផ្លែឈើ
winkelwagen
រទេះរុញ

BUTCHERS

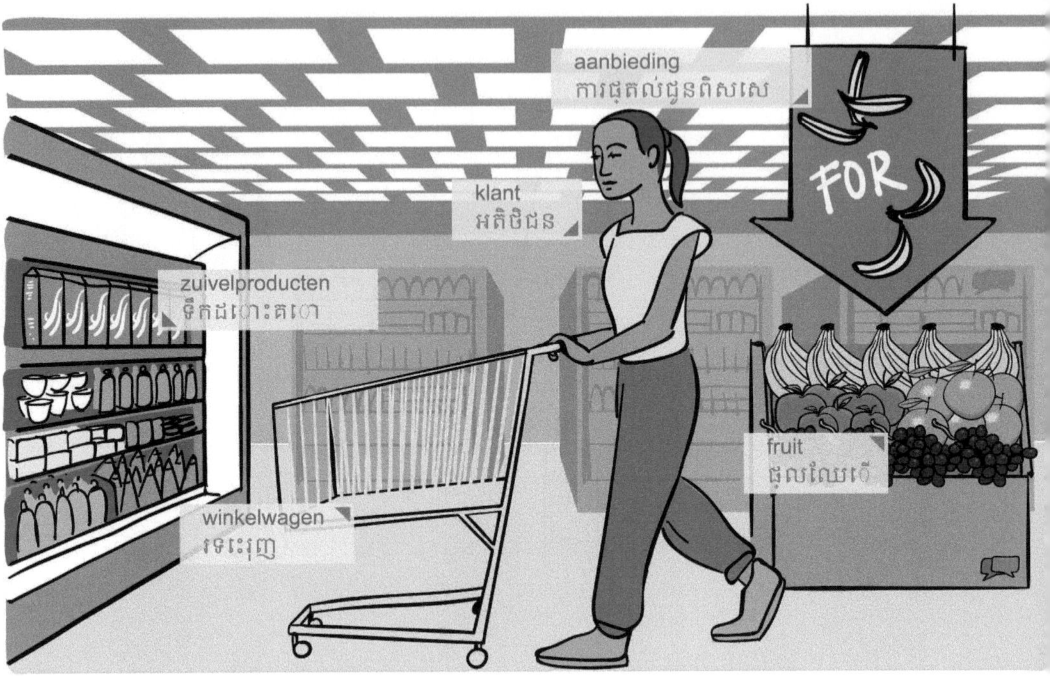

slagerij
ហាងកាប់ជ្រូក

BAKERY

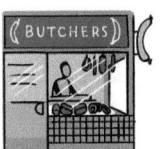

bakkerij
ហាងដុតនំ

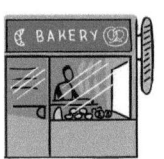

wegen
ថ្លឹង

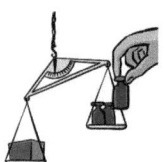

groenten
បន្លែ

vlees
សាច់

diepvriesvoedsel
អាហារក្កលាស្សេ

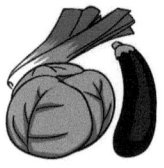

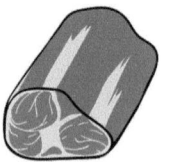

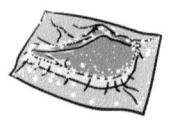

charcuterie

សាច់កុលាសរ

conserven

អាហារកំប៉ុង

waspoeder

ម៉ូសេវៅលាង

snoep

ស្ករគ្រាប់

huishoudproducten

ផលិតផលក្នុងគ្រួសារ

schoonmaakproducten

ផលិតផលសម្អាត

verkoopster

អ្នកលក់

kassa

ថតដាក់លុយ

kassier

បេឡា

boodschappenlijstje

បញ្ជីទិញទំនិញ

openingstijden

ម៉ោងធ្វើការ

portefeuille

កាបូបលុយបុរស

kredietkaart

កាតឥណទាន

tas

ថង់

plastieken zakje

ថង់បុលាស្ទិច

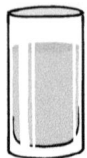

water

ទឹក

sap

ទឹកផ្លែឈើ

melk

ទឹកដោះគោ

cola

កូកាកូឡា

wijn

ស្រា

bier

ស្រាបៀរ

alcohol

គ្រឿងស្រវឹង

cacao

កាកាវ

thee

តែ

koffie

កាហ្វេ

espresso

កាហ្វេអ៊ីចសុទ្ធស្វែ

cappuccino

កាហ្វេកោពុឈិណូ

banaan

ចេក

appel

ផ្លែប៉ោម

sinaasappel

ផ្លែក្រូច

meloen

ឪឡឹក

citroen

ក្រូចឆ្មា

wortel

ការ៉ុត

knoflook

ខ្ទឹម

bamboe

ឫស្សី

ajuin

ខ្ទឹមបារាំង

champignon

ផ្សិត

noten

គ្រាប់ផ្លែឈើ

noodles

មី

spaghetti

ម៉ីអ៊ីតាលី

rijst

ហាយ

salade

សាឡ្បាត់

frieten

ដំឡូងចៀន

gebakken aardappelen

ដំឡូងចៀន

pizza

ភីហ្សា

hamburger

បឺហ្គឺ

sandwich

សាំងវិច

kalfslapje

សាច់ជាប់ឆ្អឹងជំនី

ham

ហាំ

salami

សាឡ្បាម៉ី

worst

សាច់ក្រក

kip

សាច់មាន់

braden

អាំង

vis

ត្រី

havervlokken

អាវែនបបរ

muesli

មុយ្ហ្សូស្លី

cornflakes

ដំឡូងចំណិត

bloem

មុសពៅ

croissant

នំគ្រួសង់

pistolet

នំបុ័ងមុយ៉ាងមួលតូចៗ

brood

នំបុ័ង

toast

អាំង

koekjes

នំប៊ីស្គីី

boter

ប៊ីរ

kwark

ទឹកដោះខាប់

taart

នំខេក

ei

ស៊ុត

spiegelei

ស៊ុតចៀន

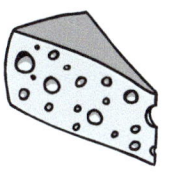

kaas

ឈ៊ីស

ijs

ការ៉េម

suiker

ស្ករ

honing

ទឹកឃ្មុំ

confituur

ដំណាប់

choco

ក្រម៉ែតាំងម៉ៃ

curry

ការ៉ី

boerderij
កសិដ្ឋាន

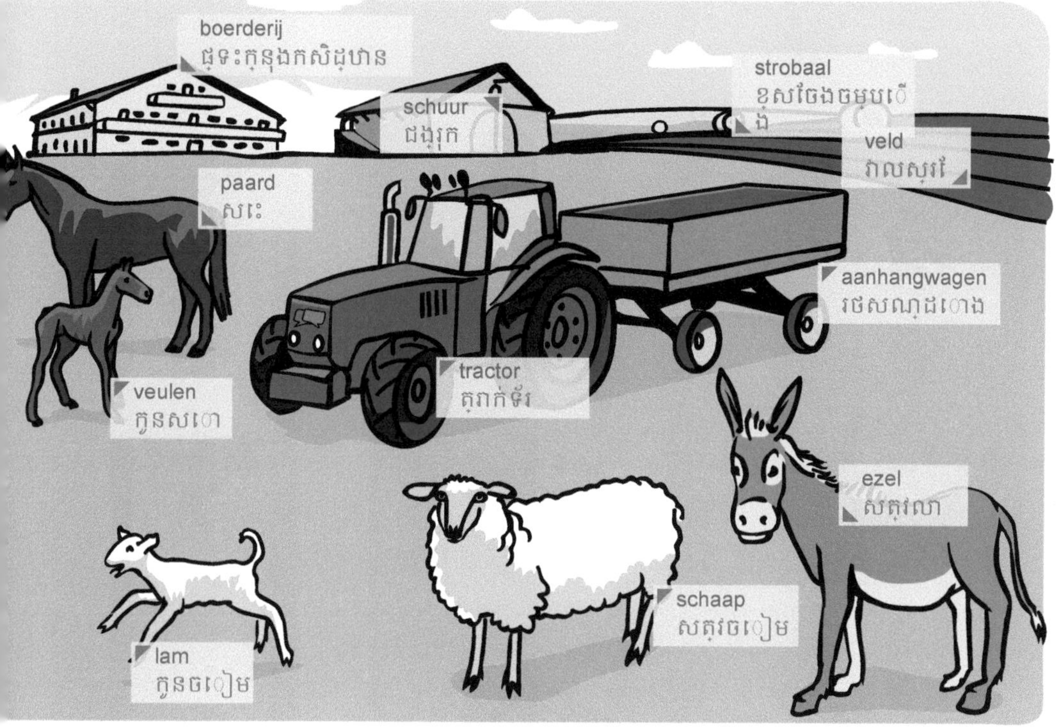
boerderij
ផ្ទះក្នុងកសិដ្ឋាន
schuur
ជង្រុក
strobaal
ខ្សែចងចម្បើង
veld
វាលស្រែ
paard
សេះ
aanhangwagen
រថសណ្ដោង
tractor
ត្រាក់ទ័រ
veulen
កូនសោ
ezel
សត្វលា
schaap
សត្វចៀម
lam
កូនចៀម

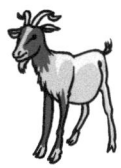

geit

ពពែ

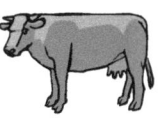

koe

គោញី

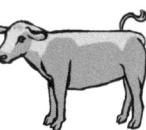

kalf

កូនគោ

varken

ជ្រូក

biggetje

កូនជ្រូក

stier

គោឈ្មោល

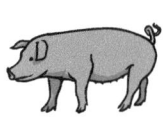

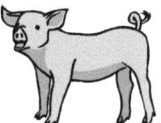

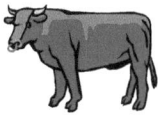

gans

សត្វក្ងាន

eend

ទា

kuiken

កូនមាន់

kip

មមោន់

haan

មាន់ឈ្មោល

rat

កណ្ដុរ

kat

ឆ្មា

muis

កណ្ដុរប្ররមៈ

os

គរោឈ្មោល

hond

ឆ្កែ

hondenhok

ផ្ទះឆ្កែ

tuinslang

ទុយរោទឹក

gieter

ធុងស្រោចទឹក

zeis

ខូររបក

ploeg

នង្គ័ល

sikkel

កណ្ដុងរៀវ

schoffel

ចបកាប់

hooivork

រនាស់

bijl

ពូថៅ

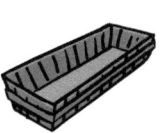

kruiwagen

រទេះរុញ

trog

ស្នូក

melkkan

កំប៉ុងទឹកដោះគោ

zak

ហារ

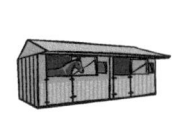

hek

របង

stal

ក្រោល

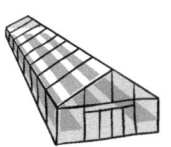

broeikas

ផ្ទះកញ្ចក់

bodem

ដី

zaad

គុរាប់ពូជ

mest

ជី

maaidorser

ម៉ាស៊ីនច្រូតមូលផល

oogsten

បូរមូលផល

oogst

ការបូរមូលផល

yam

ដំឡូងជួរ

tarwe

ស្រូវសាលី

soja

សណ្ដែកសៀង

aardappel

ដំឡូងជួរ

maïs

ពោត

koolzaad

គ្រាប់បុរង៉ែរបៃ

fruitboom

ដេីមឈេីហ្បបផ្លៃ

maniok

ដំឡូងម៉ី

graan

ចញ្ញជាតិ

huis
ផ្ទះ

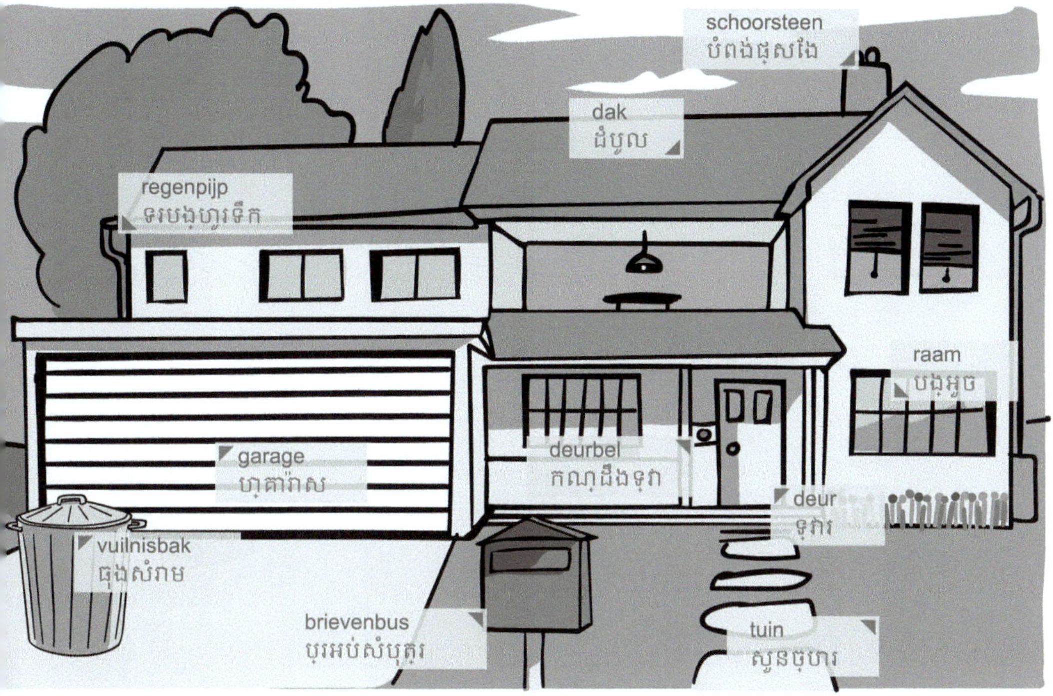
schoorsteen
បំពង់ផ្សែង
dak
ដំបូល
regenpijp
ទរបង្ហូរទឹក
raam
បង្អួច
garage
ហ្គារ៉ាស
deurbel
កណ្ដឹងទ្វារ
deur
ទ្វារ
vuilnisbak
ធុងសំរាម
brievenbus
ប្រអប់សំបុត្រ
tuin
សួនច្បារ

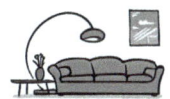

woonkamer

បន្ទប់ទទួលភ្ញៀវ

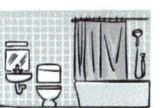

badkamer

បន្ទប់ទឹក

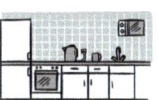

keuken

ផ្ទះបាយ

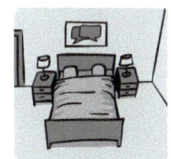

slaapkamer

បន្ទប់គេង

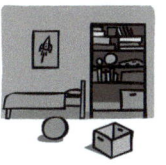

kinderkamer

បន្ទប់របស់កុមារ

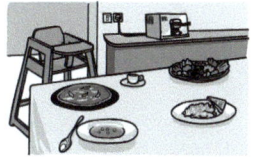

eetkamer

បន្ទប់ទទួលទានអាហារ

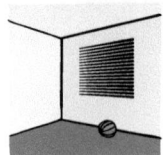

vloer
ជាន់

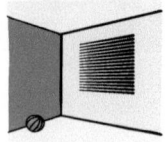

muur
ជញ្ជាំង

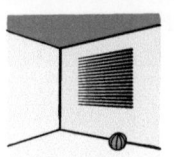

plafond
ពិដាន

kelder
បន្ទប់ក្រោមដី

sauna
សូណា

balkon
យ៉ែរ

terras
ផ្ទះក្របសុមរៀនទៅជម្រាល
ភ្នំ

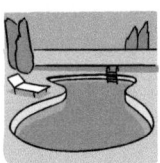

zwembad
អាងហាលែទឹក

grasmaaier
ម៉ាស៊ីនកាត់សុមទៅ

dekbedovertrek
សន្លឹក

dekbed
កម្រាលគ្របែដេក

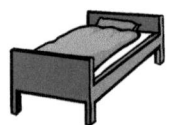

bed
គ្រែ

bezem
អំបោស

emmer
ធុង

schakelaar
កុងតាក់

woonkamer
បន្ទប់ទទួលភ្ញៀវ

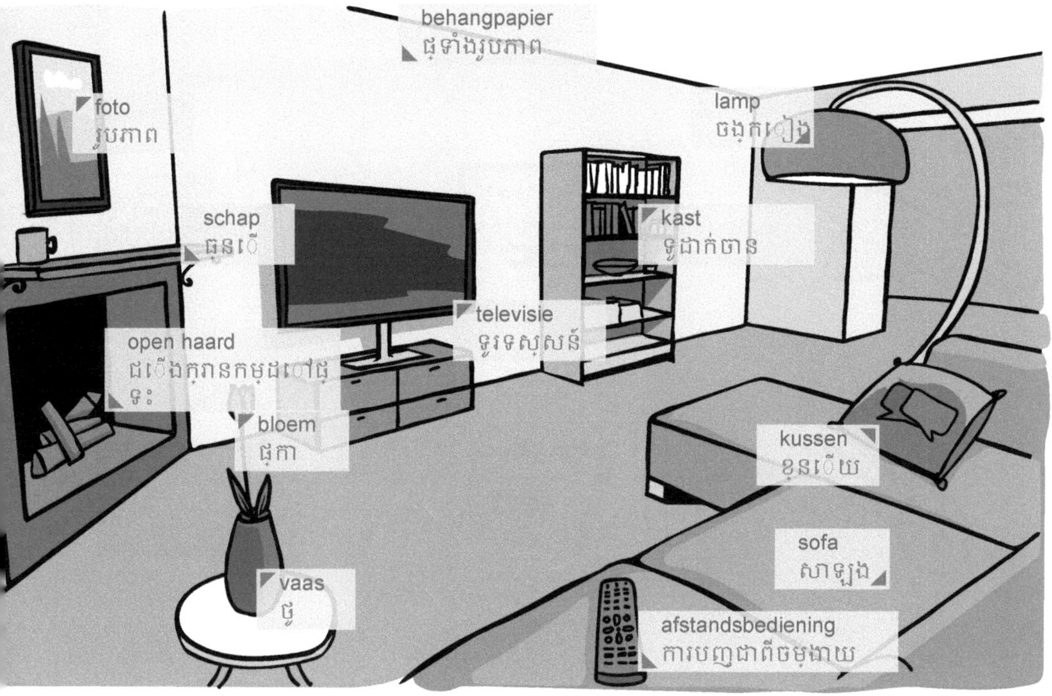

behangpapier
ផ្ទាំងរូបភាព
foto
រូបភាព
lamp
ចង្កៀង
schap
ធ្នើ
kast
ទូដាក់ចាន
televisie
ទូរទស្សន៍
open haard
ជើងក្រានកម្ដៅផ្ទះ
bloem
ផ្កា
kussen
ខ្នើយ
sofa
សាឡុង
vaas
ថូ
afstandsbediening
ការបញ្ជាពីចម្ងាយ

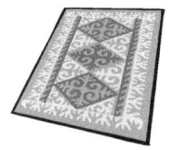

mat
កម្រាលព្រំ

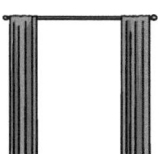

gordijn
វាំងនន

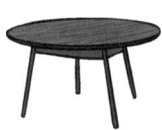

tafel
តុ

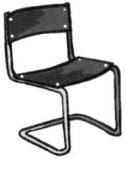

stoel
កៅអី

schommelstoel
កៅអីប៉ាក់ប៉ើក

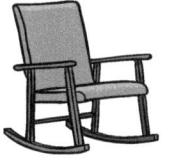

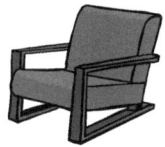

fauteuil
កៅអីភ្នាក់ដៃ

boek
សៀវភៅ

deken
ភួយ

decoratie
ការតុបតែង

brandhout
អុសដុត

film
ខុសវីភាពយន្ត

stereo-installatie
ឧបករណ៍ Hi-Fi

sleutel
កូនសោ

krant
កាសែត

schilderij
គំនូរ

poster
ផ្ទាំងរូបភាព

radio
វិទ្យុ

notitieboekje
ណូតផ្ទៃត

stofzuiger
ម៉ាស៊ីនបូមធូលី

cactus
ដំបងយក្ស

kaars
ទៀន

keuken

ផ្ទះបាយ

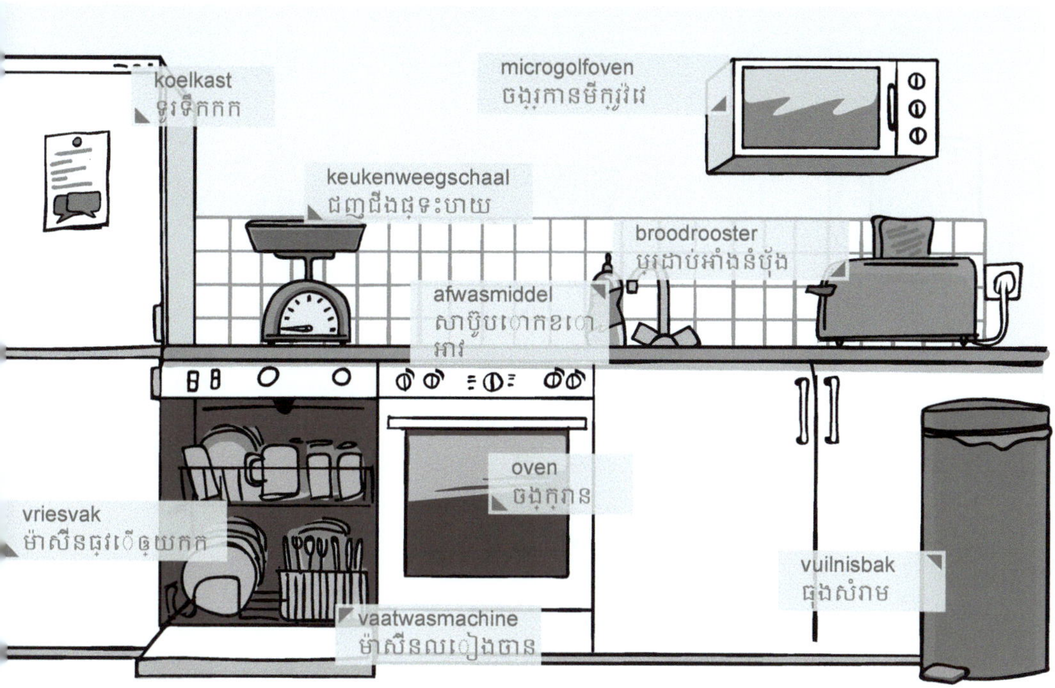

koelkast
ទូរទឹកកក
microgolfoven
ចង្ក្រានមីក្រូវេវ
keukenweegschaal
ជញ្ជីងផ្ទះបាយ
broodrooster
ប្រដាប់អាំងនំប៉័ង
afwasmiddel
សាប៊ូបោកខោអាវ
oven
ចង្ក្រាន
vriesvak
ម៉ាស៊ីនធ្វើឲ្យកក
vuilnisbak
ធុងសំរាម
vaatwasmachine
ម៉ាស៊ីនលៀងចាន

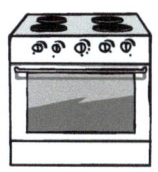

fornuis

ចង្ក្រាន

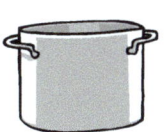

pot

ឆ្នាំង

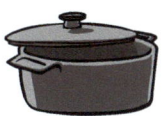

gietijzeren pot

ឆ្នាំងដែក

wok / kadai

ខ្ទះ / ខ្ទះឥណ្ឌា

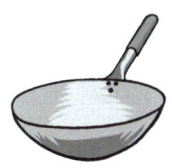

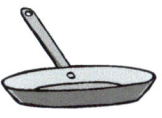

pan

ខ្ទះ

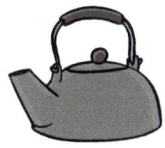

waterkoker

កំសៀវ

stoomkoker

ឆ្នាំងចំហុយ

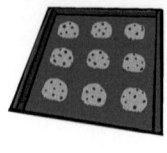

bakplaat

ថាសដុតនំ

servies

គ្រឿងចានឆ្នាំងដ៍

mok

ថ្វី

kom

ចានគទោម

eetstokjes

ចង្កឹះ

pollepel

វែកសមុល

spatel

វែកកូរ

garde

ឬដោបវាយកូរឡ្បក

vergiet

តម្រង

zeef

កន្ទុរង

rasp

ឬដោបកទោសដុង

mortier

គ្រហាល់

barbecue

ការអាំងសាច់

haardvuur

ចង្ក្រានចំហា

snijplank

ជុរញ្ញ

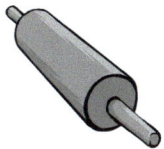

deegrol

បុរដោប់កិនមួរ

kurkentrekker

បុរដោប់មួរបេ៊ើកឆ្នុកស្រា

blik

កំប៉ុង

blikopener

បុរដោប់បេ៊ើកកំប៉ុង

pannenlap

កុណាត់ទុរាប់ឆ្នាំង

gootsteen

កន្លែងលាងចាន

borstel

ជក់

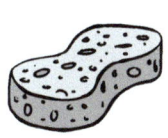

spons

អប៉ុង

blender

ម៉ាស៊ីនកុរឡ្បាក

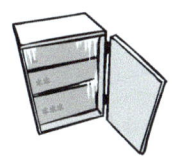

vriezer

ទូរទឹកកកខ្នាតតូច

papfles

ដបទឹកដរោះគរោ

kraan

រូប៊ីណេ

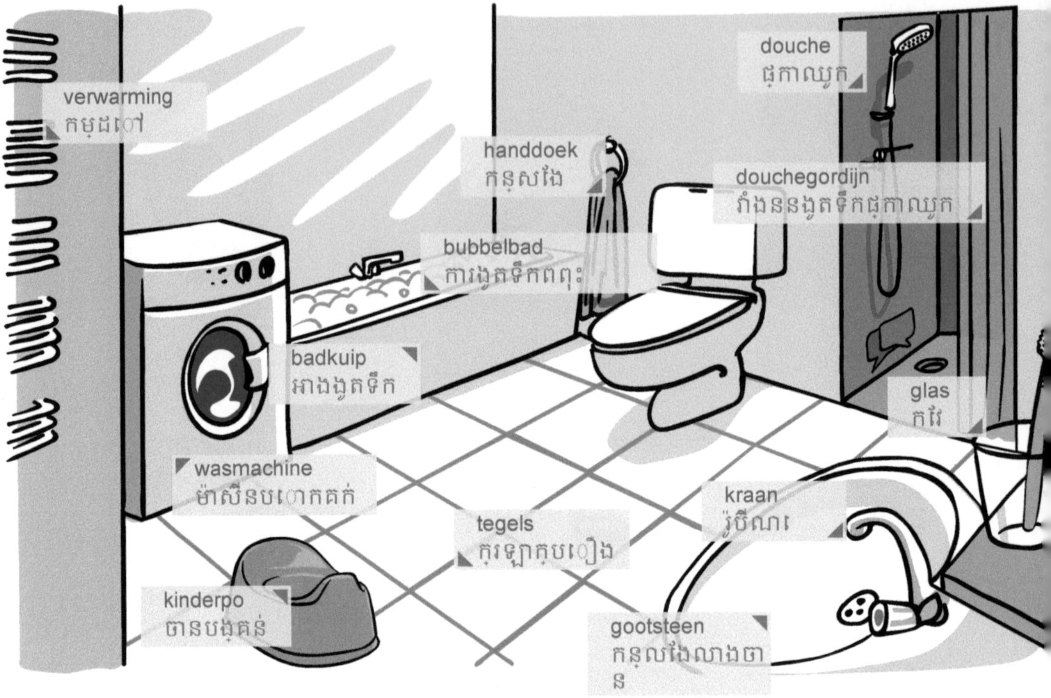

verwarming
កម្ដៅ

douche
ផ្កាឈូក

handdoek
កន្សែង

douchegordijn
រាំងននងូតទឹកផ្កាឈូក

bubbelbad
ការងូតទឹកពពុះ

badkuip
អាងងូតទឹក

glas
កវែ

wasmachine
ម៉ាស៊ីនបោកពោកគក់

tegels
ក្បឿាក្របុឿង

kraan
រូបិណា

kinderpo
ចានបង្គន់

gootsteen
កន្លែលវៃលាងចាន

toilet	hurktoilet	bidet
បង្គន់	បង្គន់អង្គុយ	ផ្លើងផមុ្ររកាយ
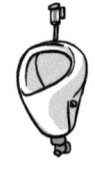		
urinoir	toiletpapier	toiletborstel
កុលាំទឹកនរោម	ក្រដាសបង្គន់	ច្រាសដុសបង្គន់ន

tandenborstel
ច្រាសដុសធ្មេញ

tandpasta
ថ្នាំដុសធ្មេញ

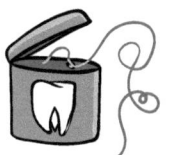

flosdraad
ខ្សែទោក់សម្អាតធ្មេញ

wassen
លាង

handdouche
បូរដោប់ដាក់ដផ្កាឈូក

bidethanddouche
ទឹកថ្នាំសម្អាប់ហាញលាង

waskom
អាង

rugborstel
ច្រាសដុសខ្នង

zeep
សាប៊ូ

douchegel
ឈែលសម្អាប់ខ្លួតទឹកផ្កាឈូក

shampoo
សាប៊ូ

washandje
សកុលាត

afvoer
បំពង់បង្ហូរទឹក

crème
ក្រែម

deodorant
ថ្នាំបំបាត់កុលិនអាក្រក់

spiegel
កញ្ចក់

handspiegel
កញ្ចក់ដៃ

scheermes
ឧបករណ៍កោរ

scheerschuim
ហ្វូមកោរពុកមាត់

aftershave
ទឹកលាងក្រោយកោរពុកម
ាត់រួច

kam
ក្រាស

borstel
ជក់

haardroger
ឧបករណ៍សម្ងួតសក់

haarlak
ស្ព្រាយបាញ់សក់

make-up
ការតុបតែងមុខ

lippenstift
ក្រមៃលាបមាត់

nagellak
ថ្នាំលាបក្រចក

watten
រោមកប្បាស

nagelknipper
កន្ត្រៃកាត់ក្រចក

parfum
ទឹកអប់

toilettas

កាបូបបបោកតកក់

kruk

លាមក

weegschaal

ជញ្ជីងថ្លឹងទម្ងន់

badjas

អាវពាក់ងូតទឹក

latex handschoenen

ស្រោមដៃកៅស៊ូ

tampon

ឆ្នុក

maandverband

កន្សែងអនាម័យ

chemisch toilet

បង្គន់គីមី

wekker
នាឡិការរោទ៌

knuffel
បុរដាប់កុមារងអរោបលងង

speelgoedauto
ថៃ្មយនៈតុកុមងៅលងៃ

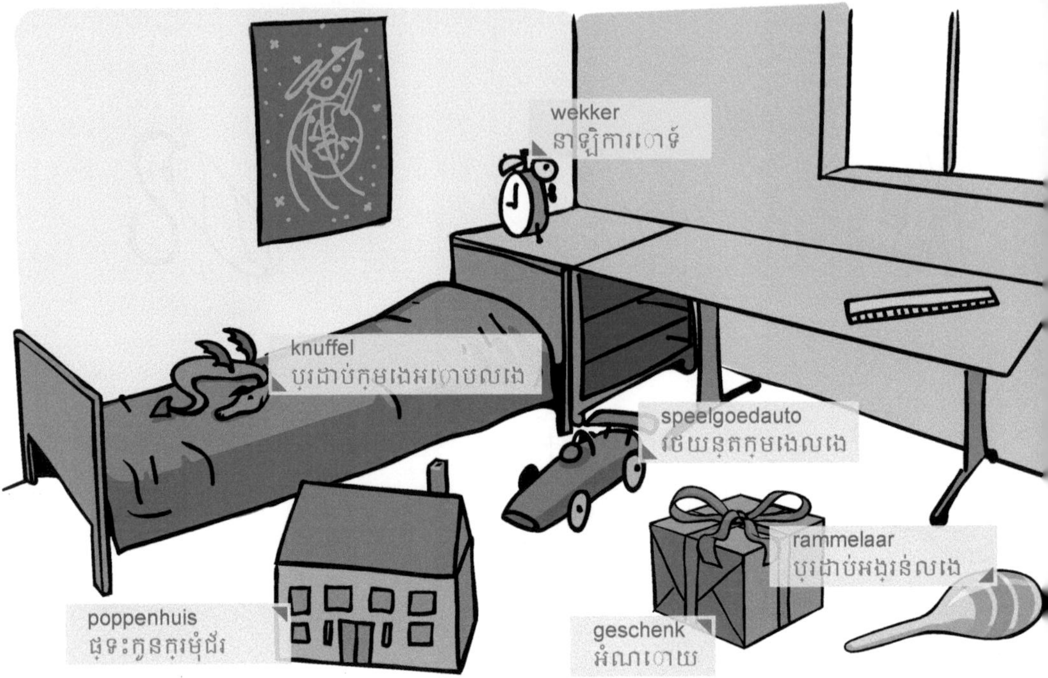

poppenhuis
ផ្ទះក្លូនក្រមុំជីរ

speelgoedauto

rammelaar
បុរដាប់អងុរន់លងៃ

geschenk
អំណារោយ

	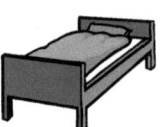	
ballon ប៉ុងប៉ោង	**bed** គុរវ៉ៃ	**kinderwagen** រទេះរញ្ជទារក

spel kaarten ហ្គ៊ីបៃ្បៀ	**puzzel** រូបផ្គុំ	**stripboek** កំប៊ុលៃ្ប

legoblokjes

ឃ្លុប Lego

blokken

ប្លុកបុរដាប់ក្មេងលេង

actiefiguur

តួលខេសកម្មភាព

kruippakje

ខោអាវទារក

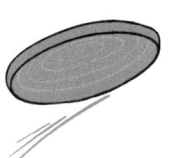

frisbee

ការគប់ចាស

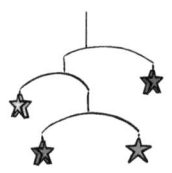

mobiel

ទូរស័ព្ទដៃ

bordspel

ក្តារលេងបៃ

dobbelsteen

គ្រាប់ឡុកឡាក់

modelspoorweg

ឈុតរថភ្លើងគំរូ

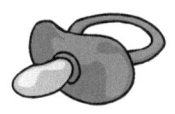

fopspeen

រូបសំណាក

feest

គណបកុស

prentenboek

សៀវភៅរូបភាព

bal

បាល់

pop

កូនក្រមុំតុក្កតា

spelen

លេង

zandbak
រណ្ដៅទៅខ្សាច់

schommel
ទ្រោង

speelgoed
ប្រដាប់កុមងេលងេ

spelconsole
កុងស្សួលដៃអ្វេហ្គតមេ

driewieler
គ្រីចក្រយានយន្ត

knuffelbeer
តុក្កតាខ្លាយុម៉ុ

kleerkast
ទូខោអាវ

kleding
សម្ភុលឿេកបំពាក់

sokken
ស្របោមជេើង

kousen
ស្របោមជេើងវែង

maillot
ខោទុរនាប់នារី

sjaal
កន្សែង

paraplu
ឆ័ត្រ

iem
ខ្សែក្រវាត់

T-shirt
អាវយឺត

sneakers
ស្បែកជើងហ្វាតា

laarzen
ស្បែកជើងករវែង

slippers
ស្បែកជើងពាក់នៅផ្ទះ

sandalen
ស្បែកជើងសង្វែក

schoenen
ស្បែកជើង

rubberlaarzen
ស្បែកជើងករវែងកៅស៊ូ

onderbroek
ខោទ្រនាប់បុរស

beha
អាវទ្រនាប់

onderhemd
អាវកាក់

lichaam

រាងកាយ

broek

ខោវែង

jeans

ខោខូវបើយ

rok

សំពត់

blouse

អាវកុរពៅ

hemd

អាវ

trui

អាវយឺត

capuchontrui

អាវយឺត

blazer

អាវធំ

jas

អាវកុរពៅ

jas

អាវធំ

regenjas

អាវភ្លៀងរៀង

kostuum

គូររៀងតវៃ

jurk

អាវរៃ

trouwjurk

សំលៀកបំពាក់អាពាហ៍ពិពា
ហ៍

pak

ឧបោអារលុត

nachthemd

រូបរាគុរី

pyjama

ឈុតគេង

sari

សារី

hoofddoek

កន្សែងជូតកុហាល

tulband

ឆន្នួត

boerka

សុបម៉ៃខ

kaftan

kaftan

abaya

abaya

badpak

ឈុតហាលែទឹក

zwembroek

ឧចោខល់

short

ឧចោខល់

trainingspak

ឈុតហាត់កីឡា

schort

អារអរៀម

handschoenen

សុរចោមដៃ

knoop

ឡូវេអោរ

bril

វ៉ែនតា

armband

ខ្សដៃ

ketting

ខ្សកៃ

ring

ចិញ្ចៀន

oorbel

ក្រវិល

pet

មួក

kapstok

បរដាប់ពុយួរអាវក្រវេទ៍

hoed

មួក

das

ក្រវាត់ក

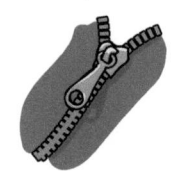

rits

រូត

helm

មួកសុវត្ថិភាព

bretellen

ខ្សវៃ

schooluniform

ឯកសណ្ឋានសាលា

uniform

ឯកសណ្ឋាន

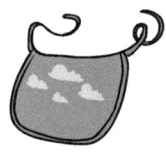

slabbetje

អៀមទារក

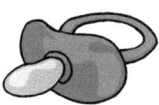

fopspeen

រូបសំណាក

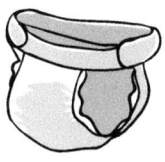

luier

ខោទឹកនោម

kantoor

ការិយាល័យ

server
ម៉ាស៊ីនមេ
dossierkast
ទូឯកសារ
printer
ម៉ាស៊ីនបោះពុម្ព
papier
ក្រដាស
monitor
ម៉ូនីទ័រ
bureau
តុការិយាល័យ
muis
កណ្ដុរ
map
សឺមី
toestenbord
ក្ដារចុច
papiermand
កន្ត្រកដាក់សំរាមក្រដាស
stoel
កៅអី
computer
កុំព្យូទ័រ

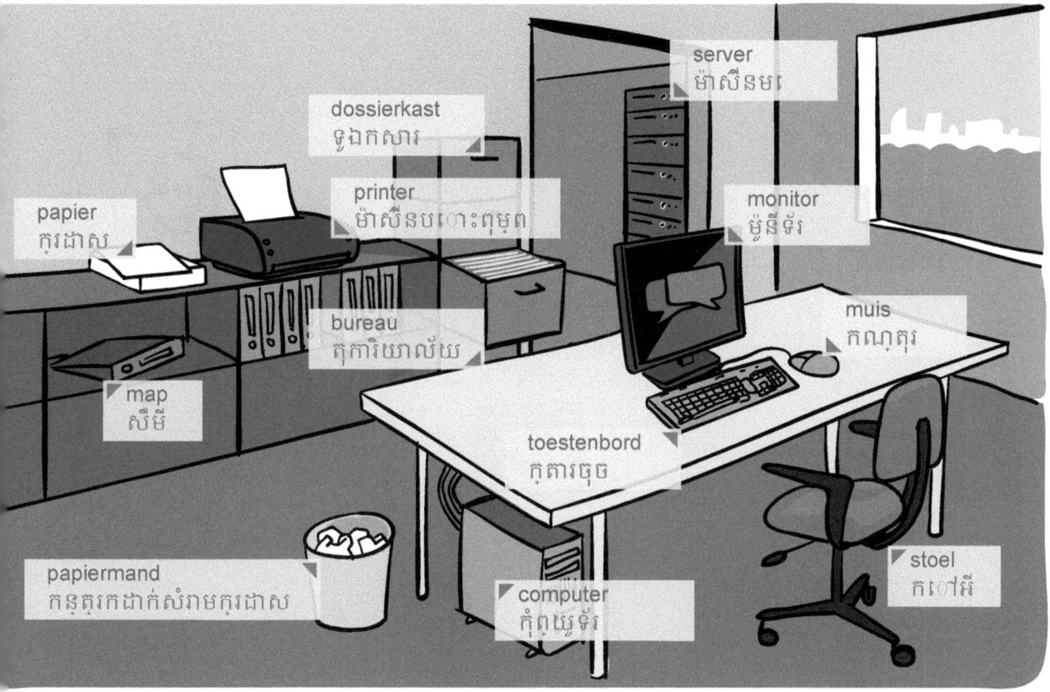

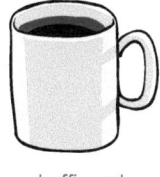

koffiemok

កែវកាហ្វ

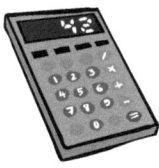

rekenmachine

ម៉ាស៊ីនគិតលេខ

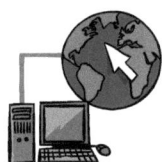

internet

អ៊ីនធឺណិត

laptop
កុំព្យូទ័រយួរដៃ

brief
លិខិត

bericht
សារ

gsm
ទូរស័ព្ទដៃ

netwerk
បណ្តាញ

kopieerapparaat
ម៉ាស៊ីនថតចម្លង

software
ស្វហ្វវែរ

telefoon
ទូរស័ព្ទ

stopcontact
រន្ធដៃពោត

fax
ម៉ាស៊ីនទូរសារ

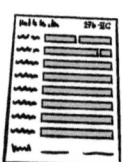

formulier
ទម្រង់បែបបទ

document
ឯកសារ

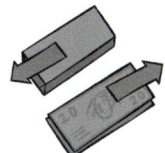

kopen

ទិញ

betalen

បង់ប្រាក់

handelen

ធ្វើជំនួញ

geld

លុយ

dollar

ប្រាក់ដុល្លារ

euro

ប្រាក់អឺរ៉ូ

yen

ប្រាក់យ៉េន

roebel

ប្រាក់រូប៊ិល

Zwitserse frank

ហ្រ្វង់ស្វីស

Chinese renminbi

ប្រាក់យ៉ន

roepie

ប្រាក់រូពី

geldautomaat

កន្លែងប្ររើសាច់ប្រាក់

wisselkantoor

ការិយាល័យប្តូរប្រាក់

goud

មាស

zilver

ប្រាក់

olie

ប្រេង

energie

ថាមពល

prijs

តម្លៃ

contract

កិច្ចសន្យា

belasting

ពន្ធ

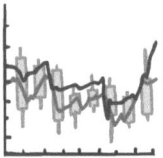

aandeel

ភាគហ៊ុន

werken

ធ្វើការ

werknemer

បុគ្គលិក

werkgever

និយោជក

fabriek

រោងចក្រ

winkel

ហាង

beroepen
មុខរបរ

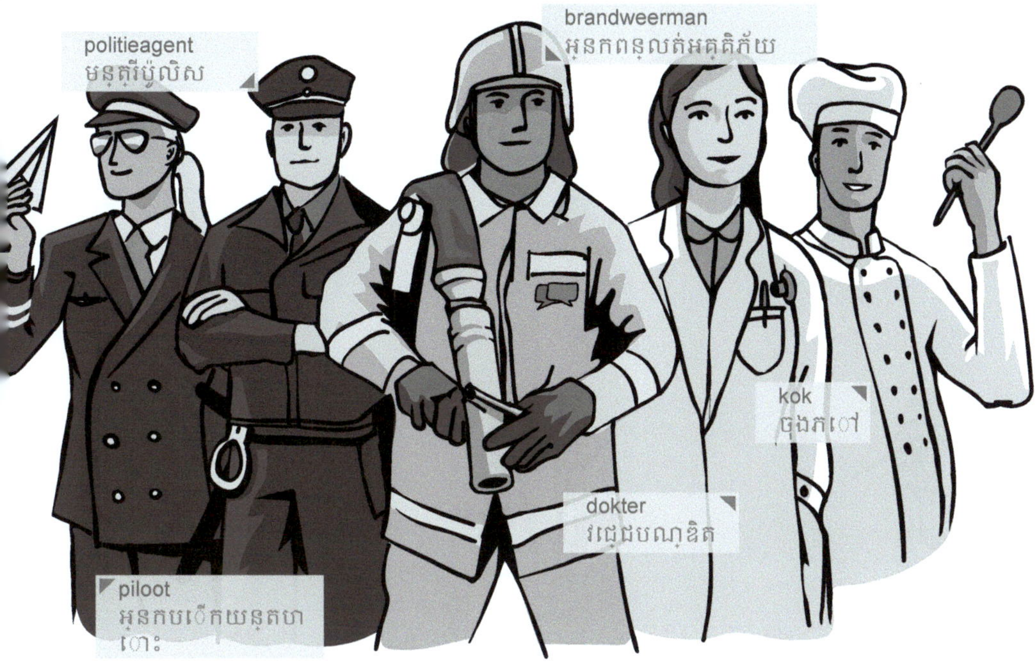
politieagent
មន្ត្រីប៉ូលិស
brandweerman
អ្នកពន្លត់អគ្គិភ័យ
kok
ចុងភៅ
dokter
វេជ្ជបណ្ឌិត
piloot
អ្នកបើកយន្តហោះ

tuinman

អ្នកថែសួន

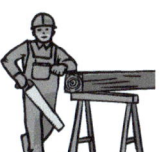

timmerman

ជាងឈើ

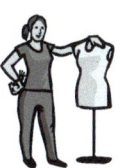

naaister

ជាងកាត់ដេរ

rechter

ចៅក្រម

chemicus

គីមីវិទូ

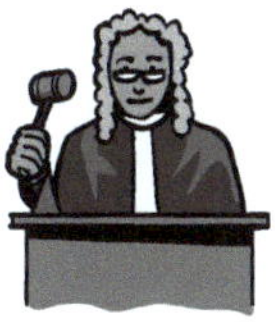

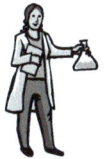

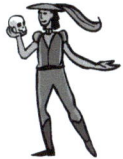

acteur

តួកុន

buschauffeur

អ្នកបើកឡានក្រុង

taxichauffeur

អ្នកបើកតាក់សី

visser

អ្នកនេសាទ

schoonmaakster

សុត្រីអ្នកសម្អាត

dakdekker

ជាងដំបូល

ober

អ្នករត់តុ

jager

អ្នកបរបាញ់សត្វ

schilder

វិចិត្រករ

bakker

អ្នកដុតនំ

elektricien

ជាងអគ្គីសនី

bouwvakker

ជាងសំណង់

ingenieur

វិស្វករ

slager

អ្នកកាប់សាច់

loodgieter

ជាងជួសជុលទុយោទឹក

postbode

អ្នករត់សំបុត្រ

soldaat

ទាហាន

architect

ស្ថាបត្យករ

kassier

បង្ប្លៀ

bloemist

អ្នកលក់ផ្កា

kapper

អ្នកអ៊ិតសក់

conducteur

អ្នកយកលុយ

mecanicien

ជាងម៉ាស៊ីន

kapitein

កាព៌ីទៃន

tandarts

ពទ្យេធ្មេញ

wetenschapper

អ្នកវិទ្យាសាសុត្រ

rabbijn

គ្រូបង្រៀនច្បាប់សញ្ញជាតិ
ជីហ្វ

imam

លោកសង្ឃយចាម

monnik

ព្រះសង្ឃយ

geestelijke

បព្វជិត

werktuigen
ឧបករណ៍

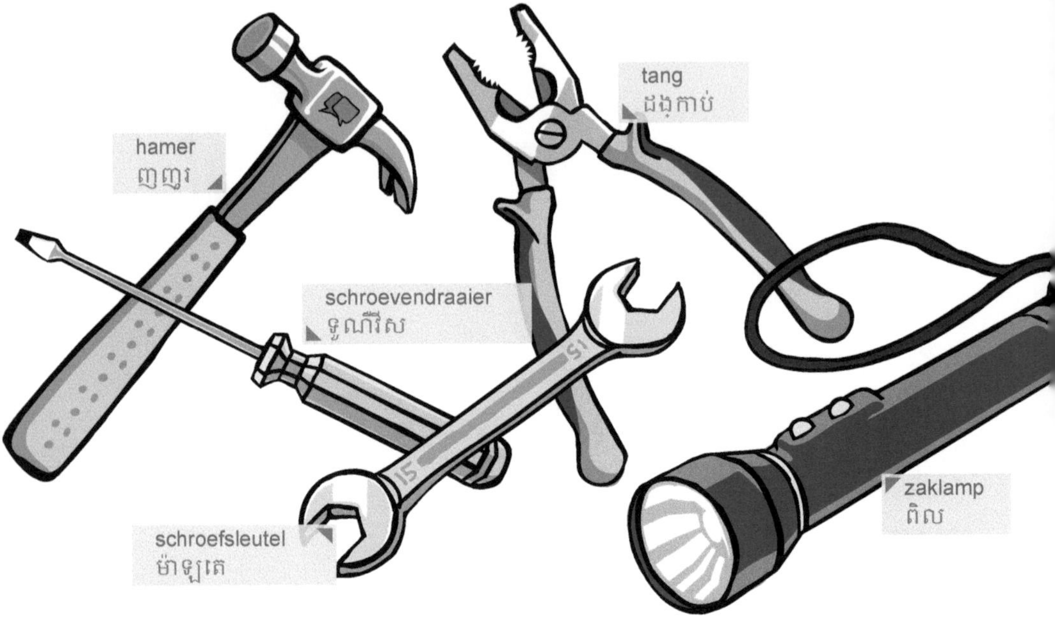

hamer
ញញួរ
tang
ដង្កាប់
schroevendraaier
ទួណឺវីស
schroefsleutel
ម៉ាឡេត
zaklamp
ពិល

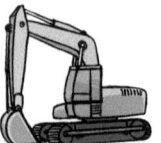

graafmachine
ម៉ាស៊ីនជីក

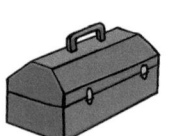

gereedschapskoffer
ប្រអប់ឧបករណ៍

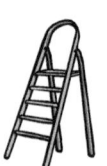

ladder
ជណ្តើរ

zaag
រណារ

spijkers
ដែកគោល

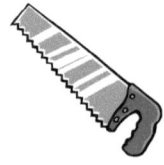

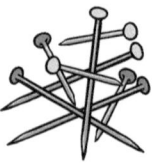

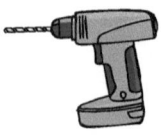

boormachine
ប្រដាប់ស្វាន

repareren

ជួសជុល

schop

ប៉ែល

Verdomme!

ចង្រៃ!

blik

បុរដាប់ចូកធូលី

verfpot

ធុងថ្នាំពណ៌

schroeven

វីស

muziekinstrumenten
ឧបករណ៍តន្ត្រី

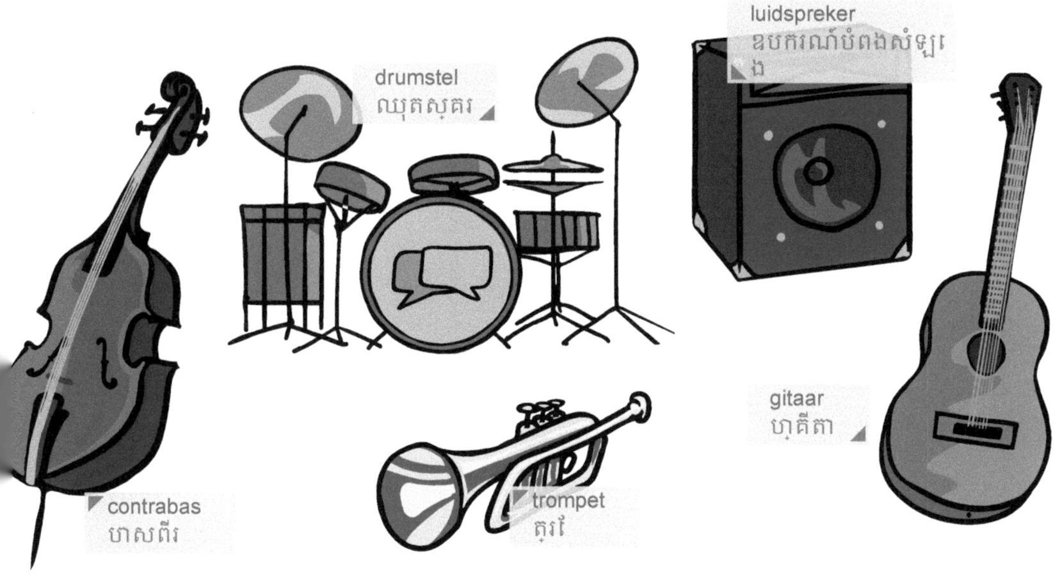

drumstel
ឈុតស្គរ

luidspreker
ឧបករណ៍បំពងសំឡេង

contrabas
បាសព័រ

trompet
គ្រវ៉ៃ

gitaar
ហ្គីតា

piano

ពុយាណូ

viool

វីយ៉ូឡុង

basgitaar

ហាស

pauk

សូតរពោសសុបកៃមុយ៉ាង

trommels

សូតរ

keyboard

យ៉ីបត

saxofoon

សាក់សូហ្វូន

fluit

ខ្លុយ

microfoon

ម៉ៃក្រូហ្វូន

សួនសត្វ

tijger
សត្វខ្លា

ingang
ច្រកចូល

kooi
ទ្រុង

zebra
សេះបង្កង់

diereneten
ការឱ្យចំណីភីសត្វ

panda
ខ្លាឃ្មុំផេនដា

dieren

សត្វ

olifant

សត្វដំរី

kangoeroe

សត្វកង់ហ្គារូ

neushoorn

សត្វរមាស

gorilla

សត្វសុវាហ្គត់រីឡា

beer

ខ្លាឃ្មុំពណ៌ត្នោតពោត

kameel

សត្វអូដ្ឋ

struisvogel

សត្វអូទ្រីស

leeuw

សត្វតោ

aap

ស្វា

flamingo

សត្វក្រេវៀល

papegaai

សកេ

ijsbeer

ខ្លាឃ្មុំតំបន់ប៉ូល

pinguïn

ផេនយុវិន

haai

ត្រីឆ្លាម

pauw

ក្ងោក

slang

សត្វពស់

krokodil

ក្រពើ

dierenverzorger

អ្នករក្សាសួនសត្វ

zeehond

ឆ្មាទឹក

jaguar

ខ្លារខិនមួយយ៉ាង

pony

កូនសេះ

luipaard

ខ្លារខិន

nijlpaard

សត្វជ័រទឹក

giraffe

សត្វករវៃ

adelaar

ឥន្ទ្រី

wild zwijn

ជ្រូក

vis

ត្រី

zeeschildpad

អណ្ដើកឱក

walrus

លទោមមចូចា

vos

កញ្ជ្រោង

gazelle

ក្ដាន់

rugby
កីឡាបាល់ទាត់អាមេរិក

wielrennen
ការបរណាំងកង់

tennis
កីឡាធេនីស

basketbal
កីឡាបាល់បោះ

zwemmen
កីឡាហែលទឹក

boksen
កីឡាប្រដាល់

ijshockey
កីឡាវាយកូនមាល់លើ
ទឹកកក

voetbal
កីឡាបាល់ទាត់

badminton
កីឡាវាយសី

atletiek
អត្តពលកម្ម

handbal
កីឡាបាល់កាន់

skiën
ការជិះស្គី

polo
ប៉ូឡូ

activiteiten
សកម្មភាពនានា

springen
លោត
knuffelen
ឱប
lachen
សើច
wandelen
ដើរ
zingen
ច្រៀង
dromen
សុបិន្ត
bidden
អធិស្ឋាន
kussen
ថើប

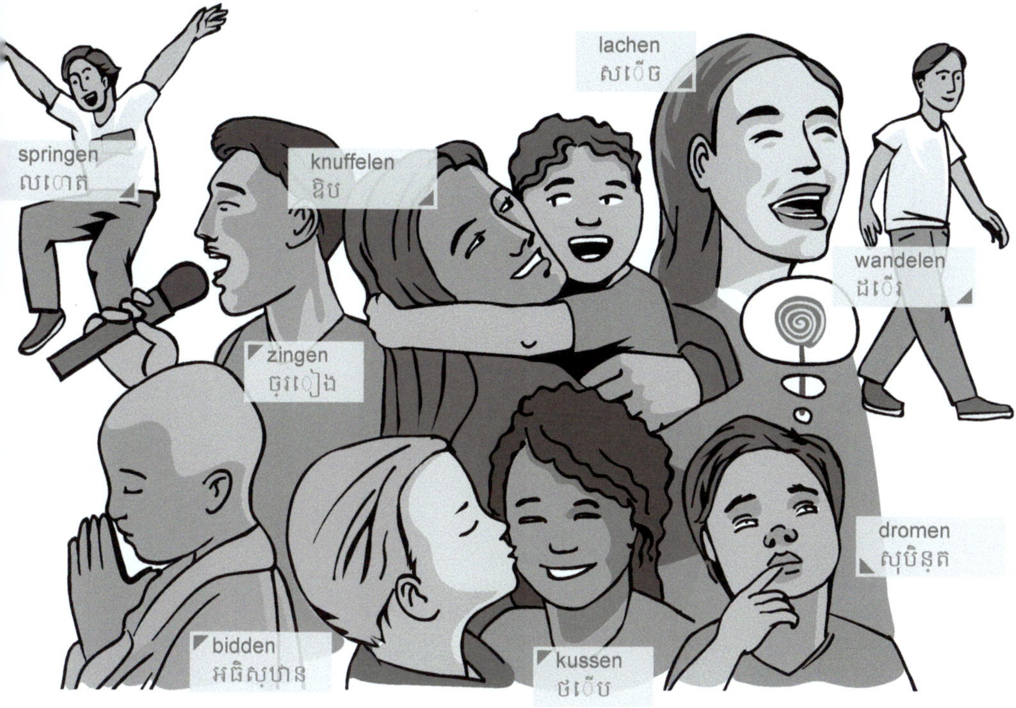

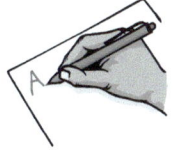

schrijven
សរសេរ

tekenen
គូរ

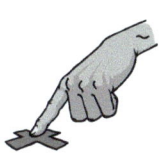

tonen
បង្ហាញ

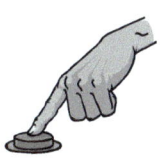

duwen
រុញ

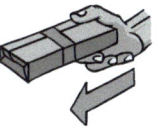

geven
ឲ្យ

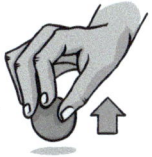

nemen
យក

hebben
មាន

doen
ធ្វើ

zijn
គឺ

staan
ឈរ

lopen
រត់

trekken
ទាញ

gooien
បោះ

vallen
ធ្លាក់

liggen
កុហាក

wachten
រង់ចាំ

dragen
យួរ

zitten
អង្គុយ

aankleden
សុលៀកពាក់

slapen
ដេក

ontwaken
ភ្ញាក់ឡ្បឺង

kijken naar

មើល

wenen

យំ

aaien

គូសវាស

kammen

សិតសក់

praten

និយាយ

begrijpen

យល់

vragen

សួរ

luisteren

ស្ដាប់

drinken

ផឹក

eten

បរិភោគ

opruimen

សម្អាត

houden van

សុរលាញ់

koken

ធ្វើម្ហូប

rijden

បើកបរ

vliegen

ហោះ

zeilen

ចេកទូក

rekenen

គណនា

Lezen

អាន

leren

រៀន

werken

ធ្វើការ

trouwen

រៀបការ

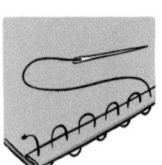

naaien

ដេរ

tandenpoetsen

ដុសធ្មេញ

doden

សម្លាប់

roken

ជក់

sturen

ផ្ញើ

grootmoeder
ជីដូន

grootvader
ជីតា

vader
ឪពុក

moeder
ម្ដាយ

baby
ទារក

dochter
កូនស្រី

zoon
កូនប្រុស

gast
ភ្ញៀវ

tante
មីង

oom
ពូ

broer
បងប្អូនប្រុស

zus
បងប្អូនស្រី

lichaam
រាងកាយ

voorhoofd
ថ្ងាស
oog
ភ្នែក
schouder
ស្មា
vinger
ម្រាមដៃ
gezicht
មុខ
kin
ចង្កា
hand
ដៃ
been
ជើង
borst
សុដន់
arm
ដៃ

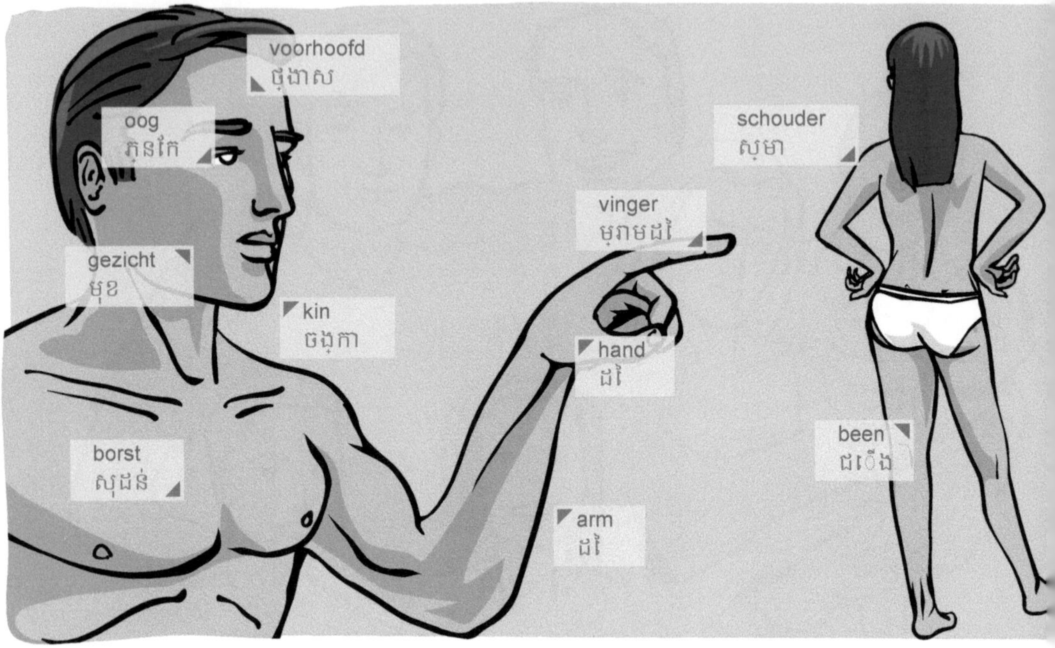

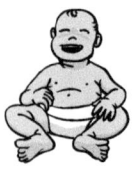

baby
ទារក

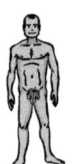

man
បុរស

vrouw
ស្ត្រី

meisje
ក្មេងស្រី

jongen
ក្មេងប្រុស

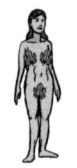

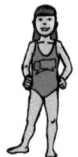

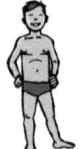

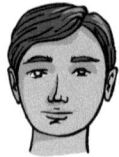

hoofd
ក្បាល

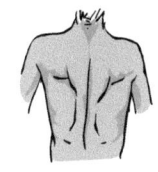

rug

ខ្នង

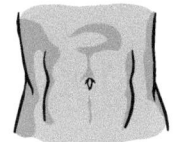

buik

ពោះ

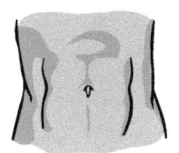

navel

ផ្ចិត

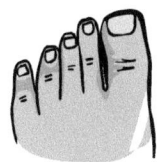

teen

ម្រាមជើង

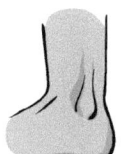

hiel

កែងជើង

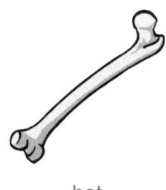

bot

ឆ្អឹង

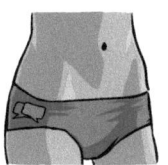

heup

គូថគាក

knie

ជង្គង់

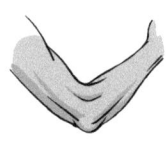

elleboog

កែងដៃ

neus

ច្រមុះ

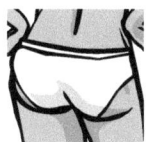

zitvlak

គូទ

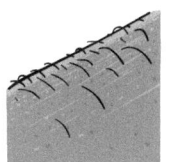

huid

ស្បែក

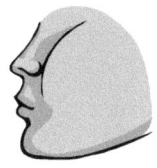

wang

ថ្ពាល់

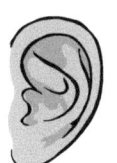

oor

ត្រចៀក

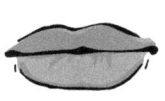

lip

បបូរមាត់

mond

មាត់

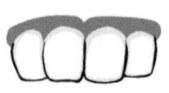

tand

ធ្មេញ

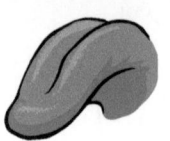

tong

អណ្ដាត

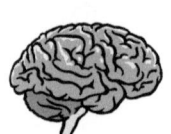

hersenen

ខួរក្បាល

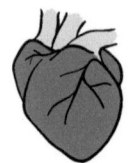

hart

បេះដូង

spier

សាច់ដុំ

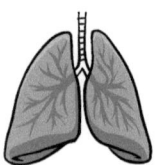

long

សួត

lever

ថ្លើម

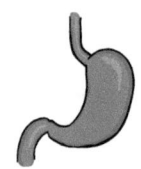

maag

ក្រពះ

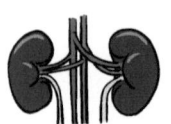

nieren

តម្រងនោម

seks

ការរួមភេទ

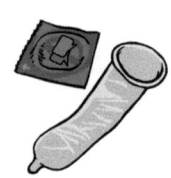

condoom

ស្រោមអនាម័យ

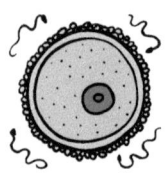

eicel

អូវុល

sperma

ទឹកកាម

zwangerschap

ការមានផ្ទៃពោះ

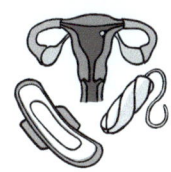

menstruatie

មករដូវ

vagina

ទ្វារមាស

penis

លិង្គត

wenkbrauw

ចិញ្ចើម

haar

សក់

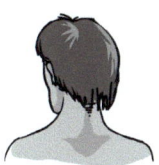

nek

ក

ziekenhuis
មន្ទីរពេទ្យ

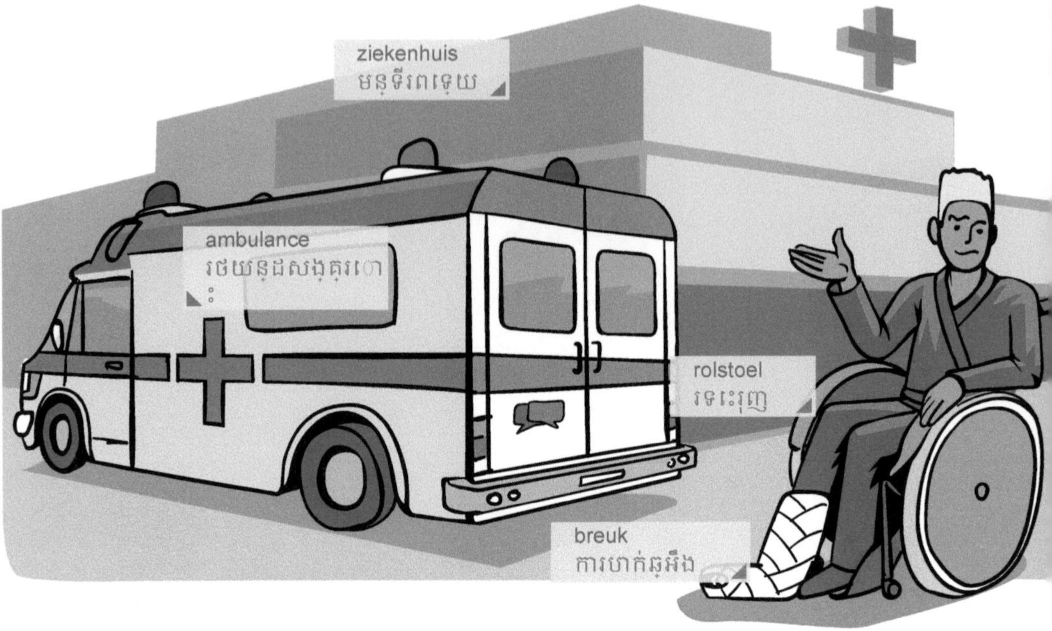

ziekenhuis
មន្ទីរពេទ្យ
ambulance
រថយន្តសង្គ្រោះ
rolstoel
រទេះរុញ
breuk
ការបាក់ឆ្អឹង

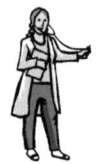

dokter

វេជ្ជបណ្ឌិត

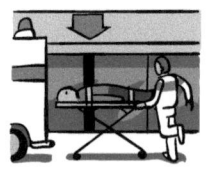

spoed

បន្ទប់សង្គ្រោះបន្ទាន់

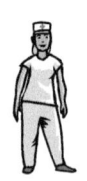

verpleegkundige

គិលានុបដ្ឋាយិកា

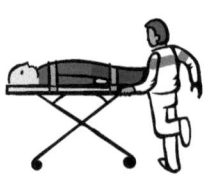

noodgeval

សង្គ្រោះបន្ទាន់

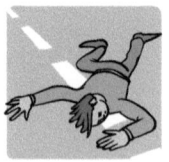

bewusteloos

សន្លប់

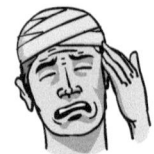

pijn

ការឈឺចាប់

verwonding

ការរងរបួស

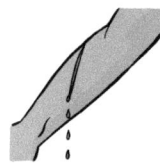

bloeding

ការហូរឈាម

hartaanval

គាំងបេះដូង

beroerte

មុឺងដាច់សរសៃឈាមក្នុង
ក្បាល

allergie

អាលែកហ្សី

hoest

ក្អក

koorts

ជំងឺគ្រុន

griep

ជំងឺផ្តាសាយ

diarree

ជំងឺរាគរូស

hoofdpijn

ឈឺក្បាល

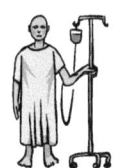

kanker

ជំងឺមហារីក

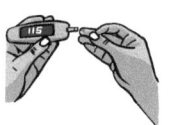

diabetes

ជំងឺទឹកនោមផ្អែម

chirurg

គ្រូពេទ្យវះកាត់

scalpel

កាំបិតវះកាត់

operatie

បុរតិបត្តិការ

CT

CT

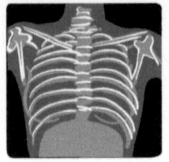

röntgenstraal

កាំរស្មីអ៊ិច

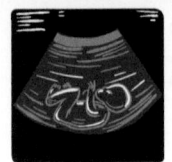

ultrageluid

អក្ខ

gezichtsmasker

របាំងមុខ

ziekte

ជំងឺ

wachtkamer

រង់ចាំបន្ទប់

kruk

ឈើច្រត់

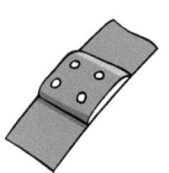

pleister

មុនាងសិលា

verband

បង់រុំ

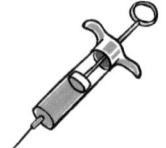

injectie

ការចាក់ថ្នាំ

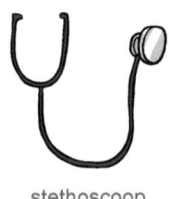

stethoscoop

ស្ដេត្ថូ

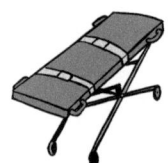

brancard

ស្នូនដែរប្បេស

thermometer

ទែម៉ូម៉ែត្រពេទ្យយាហាល

geboorte

កំណើត

overgewicht

លើសទម្ងន់

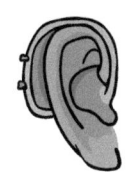

hoorapparaat
ឧបករណ៍ជំនួយការស្ដាប់

ontsmettingsmiddel
សារធាតុសម្លាប់មេរោគ

infectie
ការឆ្លងមេរោគ

virus
មេរោគ

HIV / AIDS
មេរោគអេដស៍ / ជំងឺអេដស៍

medicijn
ថ្នាំពេទ្យ

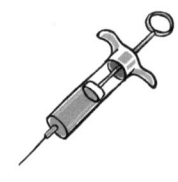

vaccinatie
ការចាក់ថ្នាំបង្ការ

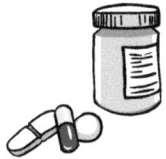

tabletten
ថ្នែប្បលិត

pil
ថ្នាំគ្រាប់

noodoproep
ការហៅពេលអាសន្ន

bloeddrukmeter
ឧបករណ៍ពិនិត្យសម្ពាធ
ឈាម

ziek / gezond
ឈឺ / មានសុខភាពល្អ

Help!
ជំនួយ!

alarm
សំឡេងរោទ៍

overval
ការវាយលុក

aanval
ការវាយប្រហារ

gevaar
គ្រោះថ្នាក់

nooduitgang
ច្រកចេញគ្រោះអាសន្ន

Brand!
អគ្គីភ័យ!

brandblusser
បំពង់ពន្លត់អគ្គិភ័យ

ongeval
គ្រោះថ្នាក់

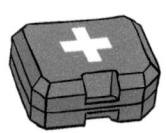

EHBO-kit
ឧបករណ៍ជំនួយបឋម

SOS
SOS

politie
ប៉ូលិស

Europa

អឺរុប

Noord-Amerika

អាមេរិកខាងជើង

Zuid-Amerika

អាមេរិកខាងត្បូង

Afrika

អាហ្វ្រិក

Azië

អាស៊ី

Australië

អូស្ត្រាលី

Atlantische Oceaan

អាត្លង់ទិច

Stille Oceaan

ប៉ាស៊ីហ្វិក

Indische Oceaan

មហាសមុទ្រវឌ្ណឃា

Antarctische Oceaan

មហាសមុទ្រអង់តាក់ទិច

Arctische Oceaan

មហាសមុទ្រអាកទិច

Noordpool

ប៉ូលខាងជើង

Zuidpool

ប៉ូលខាងត្បូង

Antarctica

អង់តាក់ទិក

aarde

ផែនដី

land

ដីគោក

zee

សមុទ្រ

eiland

កោះ

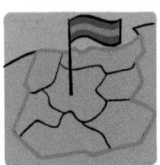

natie

បុរទេសជាតិ

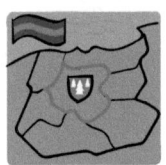

staat

រដ្ឋ

wijzerplaat

មុខនាឡិកា

uurwijzer

ទ្រនិចម៉ោង

minuutwijzer

ទ្រនិចនាទី

secondewijzer

ទ្រនិចវិនាទី

Hoe laat is het?

ម៉ោងប៉ុន្មាន?

dag

ថ្ងៃ

tijd

ពេលវេលា

nu

ឥឡូវនេះ

digitale horloge

នាឡិកាឌីជីថល

minuut

នាទី

uur

ម៉ោង

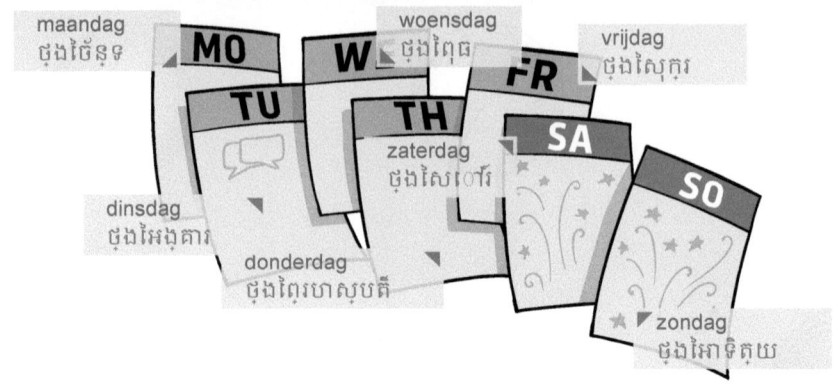

maandag
ថ្ងៃចន្ទ

woensdag
ថ្ងៃពុធ

vrijdag
ថ្ងៃសុក្រ

dinsdag
ថ្ងៃអង្គារ

donderdag
ថ្ងៃព្រហស្បតិ៍

zaterdag
ថ្ងៃសៅរ៍

zondag
ថ្ងៃអាទិត្យ

gisteren
ម្សិលមិញ

vandaag
ថ្ងៃនេះ

morgen
ថ្ងៃស្អែក

ochtend
ព្រឹក

middag
ថ្ងៃត្រង់

avond
ល្ងាច

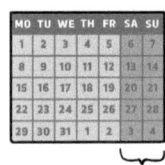

werkdagen
ថ្ងៃធ្វើការ

weekend
ចុងសប្ដាហ៍

jaar
ឆ្នាំ

regen
ទឹកភ្លៀង
regenboog
ឥន្ធនូ
wind
ខ្យល់
sneeuw
ព្រិល
lente
និទាឃរដូវ
herfst
រដូវស្លឹកឈើជ្រុះ
zomer
រដូវក្តៅ
winter
រដូវរងារ

4.APRIL 11°
5.APRIL 4°
6.APRIL 13°
7.APRIL 8°
8.APRIL 10°

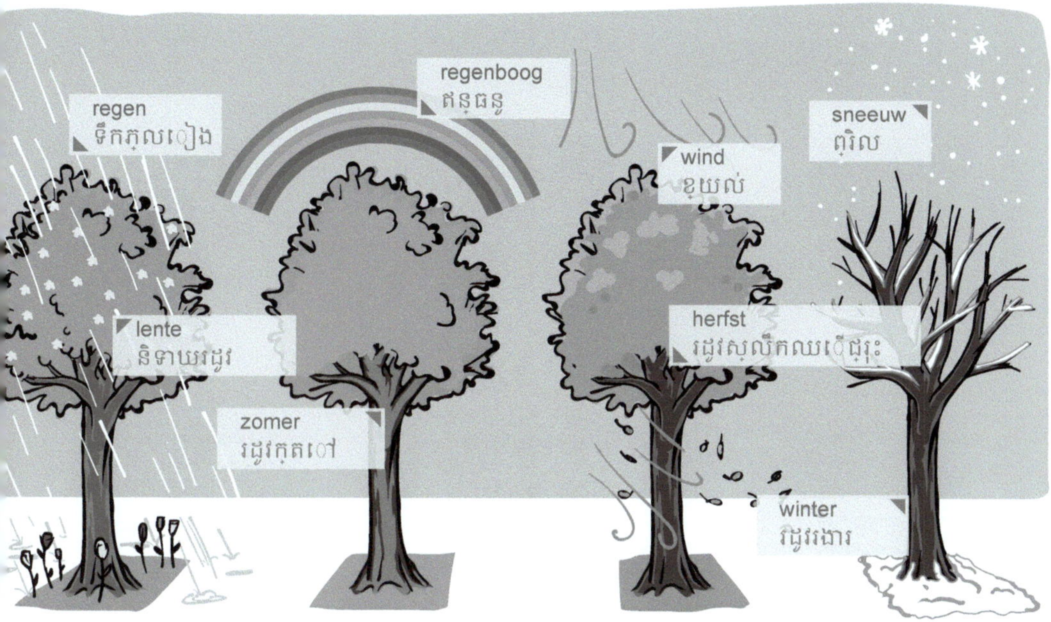

weervoorspelling

ព្យាករណ៍អាកាសធាតុ

F
C
120
90
60
30
0
-30
40
30
20
10
0
-10
-20

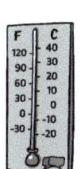

thermometer

ទែម៉ូម៉ែត្រ

zonneschijn

ពន្លឺថ្ងៃ

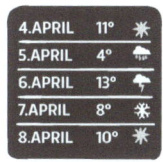

wolk

ពពក

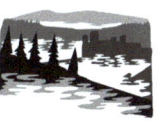

mist

អ័ព្ទ

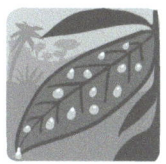

vochtigheid

សំណើម

bliksem

រន្ទះ

donder

ផ្គរ

storm

ព្យុះ

hagel

ព្រិល

moesson

ខ្យល់មូសុង

overstroming

ទឹកជំនន់

ijs

ទឹកកក

januari

ខែមករា

februari

ខែកុម្ភៈ

maart

ខែមីនា

april

ខែមេសា

mei

ខែឧសភា

juni

ខែមិថុនា

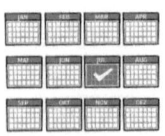

juli

ខែកក្កដា

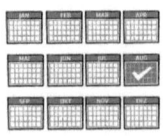

augustus

ខែសីហា

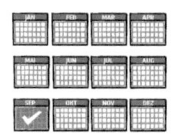

september

ខែកញ្ញា

oktober

ខែតុលា

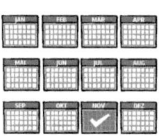

november

ខែវិចិ្ឆិកា

december

ខែធ្នូ

vormen

រាង

cirkel

រង្វង់

kwadraat

ការ៉េ

rechthoek

ចតុកោណកែង

driehoek

ត្រីកោណ

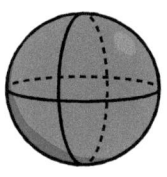

bol

ស្វ៊ែរ

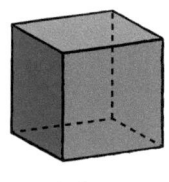

kubus

គូប

wit

ពណ៌ស

geel

ពណ៌លឿង

oranje

ពណ៌ទឹកក្រូច

roze

ពណ៌ផ្កាឈូក

rood

ពណ៌ក្រហម

paars

ពណ៌ស្វាយ

blauw

ពណ៌ខៀវ

groen

ពណ៌បៃតង

bruin

ពណ៌ទឹកក្រូច

grijs

ពណ៌ប្រផេះ

zwart

ពណ៌ខ្មៅ

veel / weinig

ច្រើន / តិចតួច

boos / kalm

ខឹង / គួរជាក់ចិត្ត

mooi / lelijk

សួរស់សុអាត / អាក្រក់

begin / einde

ចាប់ផ្តើម / បញ្ចប់

groot / klein

ធំ / តូច

licht / donker

ភ្លឺ / ងងឹត

broer / zus

បុអ្នកប្រុស / បងប្អូនស្រី

proper / vuil

សុអាត / កខ្វក់

volledig / onvolledig

ពេញលេញ / មិនពេញលេញ

dag / nacht

ថ្ងៃ / យប់

dood / levend

ស្លាប់ / នៅរស់

breed / smal

ធំទូលាយ / តូចចង្អៀត

eetbaar / oneetbaar

អាចបរិភោគបាន/ មិនអាចបរិភោគបាន

kwaadaardig / vriendelijk

ចិត្តអាក្រក់ / ចិត្តល្អ

opgewonden / verveeld

ការរំភើប / អផ្សុក

dik / dun

ធាត់ / ស្គម

eerst / laatst

ដំបូង / ចុងក្រោយ

vriend / vijand

មិត្តភក្តិ / សត្រូវ

vol / leeg

ពេញ / ទទេ

hard / zacht

រឹង / ទន់

zwaar / licht

ធ្ងន់ / ស្រាល

honger / dorst

ភាពអត់ឃ្លាន / ការស្រេកឃ្លាន

ziek / gezond

ឈឺ / មានសុខភាពល្អ

illegaal / legaal

ខុសច្បាប់ / ត្រូវច្បាប់

intelligent / dom

ឆ្លាតវៃ / ល្ងង់

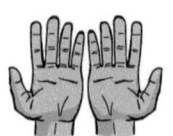

links / rechts

ឆ្វេង / ស្តាំ

dichtbij / veraf

ជិត / ឆ្ងាយ

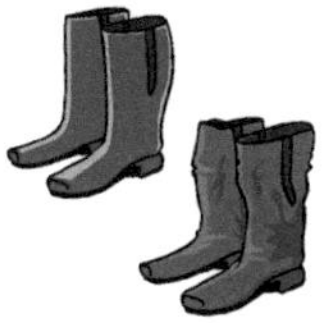

nieuw / gebruikt

ថ្មី / បានប្រើ

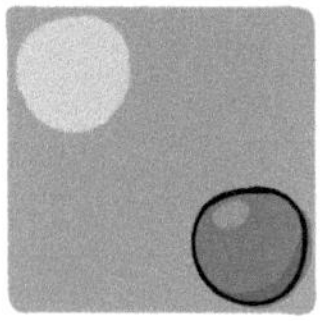

niets / iets

គ្មានអ្វីសោះ / អ្វីមួយ

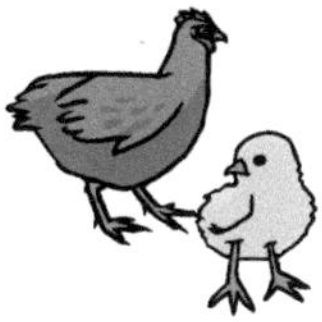

oud / jong

ចាស់ / ក្មេង

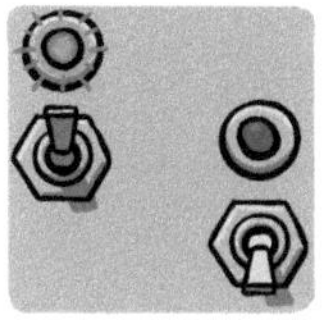

aan / uit

បើក / បិទ

open / dicht

បើក / បិទ

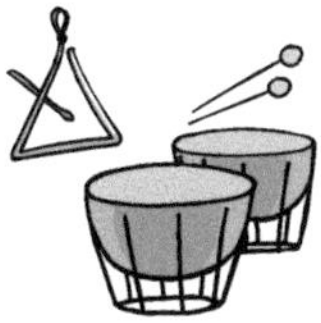

stil / luid

ស្ងប់ស្ងាត់ / ឮខ្លាំង

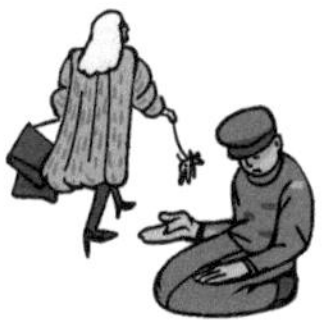

rijk / arm

មាន / ក្រ

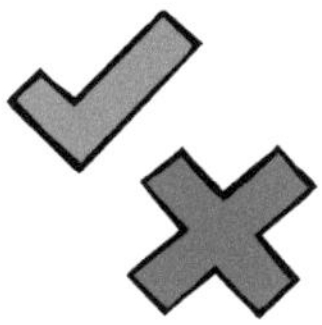

juist / fout

ត្រូវ / ខុស

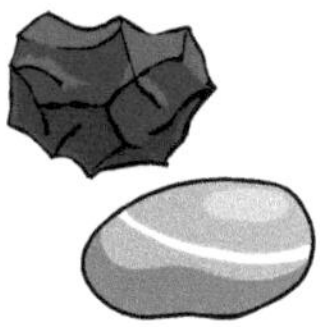

ruw / glad

គ្រើម / រលោង

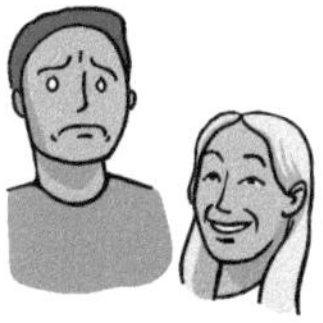

droevig / blij

ភាកចិត្ត / សប្បាយចិត្ត

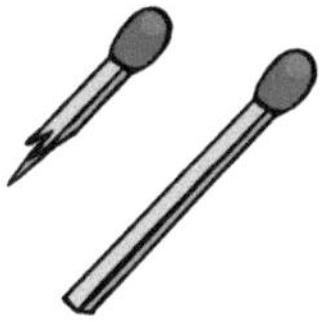

kort / lang

ខ្លី / វែង

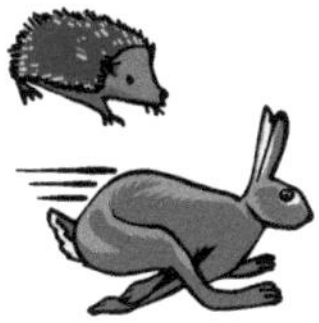

traag / snel

យឺត / លឿន

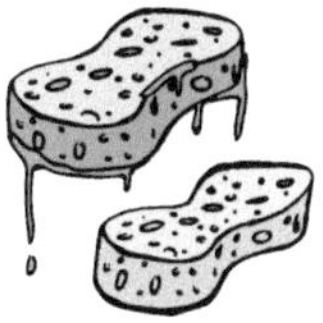

nat / droog

សើម / ស្ងួត

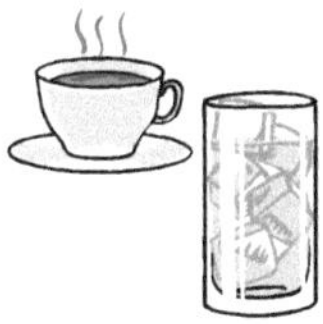

warm / koud

ក្តៅ / ត្រជាក់

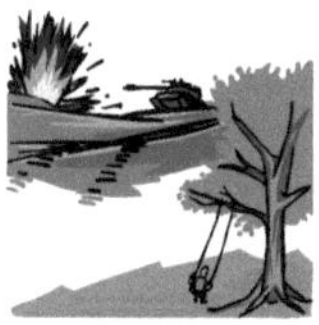

oorlog / vrede

សង្គ្រាម / សន្តិភាព

0	**1**	**2**
nul	één	twee
សូន្យ	មួយ	ពីរ
3	**4**	**5**
drie	vier	vijf
បី	បួន	ប្រាំ
6	**7**	**8**
zes	zeven	acht
ប្រាំមួយ	ប្រាំពីរ	ប្រាំបី
9	**10**	**11**
negen	tien	elf
ប្រាំបួន	ដប់	ដប់មួយ

12 twaalf
ដប់ពីរ

13 dertien
ដប់បី

14 veertien
ដប់បួន

15 vijftien
ដប់ប្រាំ

16 zestien
ដប់ប្រាំមួយ

17 zeventien
ដប់ប្រាំពីរ

18 achtien
ដប់ប្រាំបី

19 negentien
ដប់ប្រាំបួន

20 twintig
ម្ភៃ

100 honderd
រយ

1.000 duizend
ពាន់

1.000.000 miljoen
លាន

Engels

អង់គ្លុលសេ

Amerikaans Engels

អង់គ្លុលសេអាមរិក

Chinees (Mandarijn)

ចិនកុកង្គី

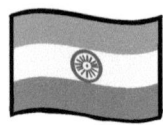

Hindi

ហិណ្ឌូ

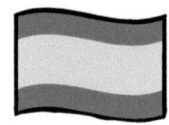

Spaans

អេស្ប៉ាញ

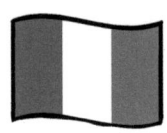

Frans

ហារាំង

Arabisch

អារ៉ាប់

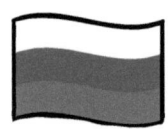

Russisch

រុស្សី

Portugees

ព័រទុយហ្គាល់

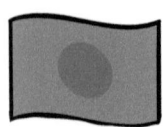

Bengali

បង្កុលាងសែ

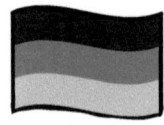

Duits

អាល្លឺម៉ង់

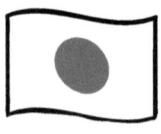

Japans

ជប៉ុន

ik

ខ្ញុំ

u

អ្នក

hij / zij / het

គាត់ / នាង / វា

wij

យេើង

u

អ្នក

ze

ពួកគេហាន

wie?

នរណា?

wat?

អ្វី?

hoe?

របៀបណា?

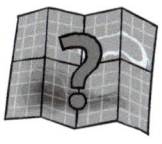

waar?

កន្លែងណា?

wanneer?

ពេលណា?

naam

ឈ្មោះ

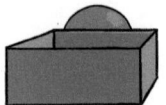

achter

ពីក្រុយ

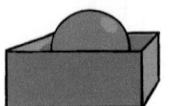

in

ក្នុង

voor

ពីមុខ

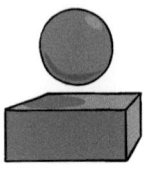

boven

ពីលើ

op

នៅលើ

onder

នៅក្រុម

naast

នៅក្បែរ

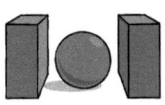

tussen

រវាង

plaats

កន្លែង